Kodak
Ektacolor
Gold 160
PROCESS C-41
FILM FOR COLOR PRINTS
SUPER
HG
100
35 mm Film
for Colour Prints
GA
36 EXP
400
135
GB
24 EXP
Kodacolor
Gold 400
200
Kodacolor
Gold 100
for Colour Prints
DX

MW01715238

Le livre pratique de la photographie

Nikon
F4
LEICA
R6
Canon
EOS 5
Nikon
F90
Nikon
F90
PENTAX
K1000
Canon
EOS 5
Nikon
FM2
Canon
EOS 5
Nikon
F90
PENTAX
K1000
Nikon
TW ZOOM 105
Nikon
FM2
LEICA M4-P
Nikon
F4
Nikon
F90
Canon
EOS-1
LEICA
R6
Canon
EOS 5
Nikon
FM2
LEICA

Le livre pratique de la photographie

JOHN FREEMAN

Traduction de Christian-Martin Diebold

MANISE

POUR MA MÈRE ET À LA MÉMOIRE DE MON PÈRE

REMERCIEMENTS À
LEEDS PHOTOVISUAL LIMITED
NIKON UK LIMITED
PUSH ONE LIMITED
THE STUDIO WORKSHOP LIMITED
TAPESTRY LIMITED
MORTIMER ET FIONA, CHEZ MANIQUE MODELS
MEL POUR SON SAVOIR-FAIRE EN MAQUILLAGE

REMERCIEMENTS

Ce livre n'aurait pu exister sans l'aide et les conseils d'amis, de collègues et d'associations. J'aimerais remercier en particulier Joanna Lorenz, qui a senti que ce projet était une bonne idée, et Penelope Cream, mon éditrice, qui a rendu tout ceci possible. Merci également à Mike Morey pour ses talents de styliste, à mes assistants Alex Freeman, Octavia Hedley-Dent, Kate Freeman, Luke Freeman, Sue Sharpe ; et un remerciement plus particulier à Vanessa Ephson.

Je remercie aussi Isabelle Blondiau, Paul Cochrane, Stuart Davies, Jack Dooley, Melanie Ephson, Teresa Freeman, Roe Freeman, Frome Photo Centre, Samuel Greenhill, Sandra Hadfield, Lisa Haleran, Ami Hanson, George Heap, Dom Linell, John Mair, Yvonne et Luz Mosquera, Lorenzo Nardo, Theresa Neenan, Tarjit, Gurmeet et Jaspreet Parmar, Megan et Briony Plant, Denise et Lizzie Reynolds, Rikki Sarah, Meg, Jessica et Emma Simmonds, Jen Sherrin, Laila Walker, The Wapping Playgroup, Charlie Whiteside, Patrick et Rainbow Wiseman, David White et Carol Yun.

Toutes les photographies sont de John Freeman

La photographie de Holyroodhouse est reproduite avec la gracieuse permission de la reine Elizabeth II.

© Anness Publishing Limited 1996,
© 1997, Éditions Manise pour la version française

Tous droits réservés. Toute copie ou reproduction de cet ouvrage, même partielle, et par quelque procédé que ce soit (photographie, photocopie, microfilm, bande magnétique, disque ou autre), est interdite et constitue une contrefaçon passible des peines prévues par la loi du 11 mars 1957 sur la protection des droits d'auteur, sauf autorisation préalable, par écrit, des détenteurs du copyright.

Afin que cet ouvrage puisse être utilisé au Canada, nous avons conservé les mesures anglo-saxonnes. Elles sont donc indiquées systématiquement entre parenthèses.

ISBN : 2-84198-037-5
Dépôt légal : mars 1997

Directrice : Joanna Lorenz
Éditrice : Penelope Cream
Styliste : Michael Morey
Illustrateur : John Hutchinson

Imprimé en Chine

SOMMAIRE

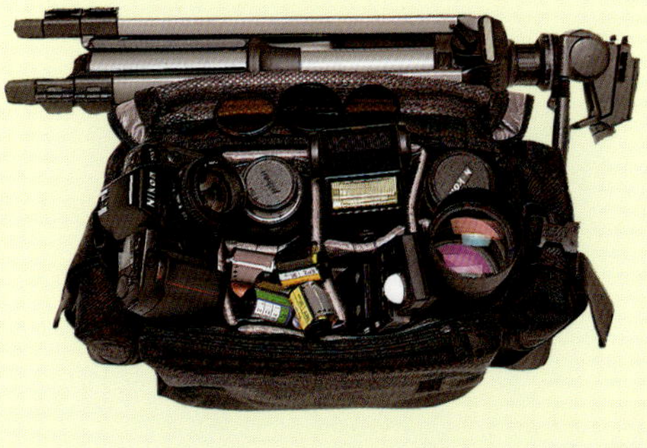

Pour commencer

INTRODUCTION

La photographie est probablement le loisir le plus universellement pratiqué, au point qu'il est aujourd'hui difficile d'imaginer une famille dont un membre au moins ne posséderait pas un appareil photographique ou n'aurait jamais été photographié. Malgré la vogue des caméscopes, le plaisir de contempler une photographie ayant saisi, pour toujours, un instant fugitif reste inchangé.
C'est George Eastman, le fondateur de Kodak, qui fabriqua le premier des appareils photographiques à un prix abordable pour un vaste public.
Le fossé technologique qui sépare les premiers boîtiers Brownies des appareils reflex actuels est tout simplement stupéfiant. Pourtant, en dépit de ces progrès, c'est sur le photographe lui-même que repose toujours la réussite d'une photographie. La connaissance des principes techniques de base vous permettra de profiter pleinement de cet art.

Il n'est pas simple de répondre à la question probablement la plus fréquemment posée aux photographes professionnels « Quel appareil choisir ? » Même si certains tiennent les Rolls-Royce pour les meilleures automobiles au monde, elles ne sont pas adaptées à tous les usages : à une course de Formule 1, par exemple. De même, si certains appareils photo sont les « Rolls-Royce » de leur catégorie, cela n'implique pas qu'ils conviennent à toutes les situations. L'appareil le plus prisé, c'est sans aucun doute le reflex.

Le choix d'un appareil photo repose principalement sur l'usage que l'on compte en faire, la variété de ses accessoires et son prix. Si la gamme des appareils commercialisés est vaste, chaque modèle est très différent dans ses applications. Le photographe devra tous les examiner pour déterminer lequel sera le mieux adapté à ses besoins. Mais, quel que soit le type d'appareil utilisé, les éléments qui composeront l'image finale compteront davantage que le nombre de cadrans ou de boutons de l'appareil. Même un appareil jetable peut permettre de réaliser un bon cliché, s'il est dans les mains d'un photographe attentif et tenant compte de la composition, de l'arrière-plan et du premier plan, ainsi que des conditions d'éclairage : d'excellentes photographies peuvent être obtenues avec un budget modeste et un minimum de connaissances techniques.

Plus un appareil est coûteux, plus il est perfectionné, offrant généralement un automatisme de l'exposition, un flash incorporé (mais pas toujours très puissant), un moteur d'entraînement de la pellicule, un zoom, une mise au point automatique et un rembobinage automatique du film dans sa cartouche après l'exposition de la dernière pose. Les modèles les moins onéreux, munis d'un objectif à focale fixe et à gamme de mise au point réduite, ne peuvent généralement être utilisés qu'en lumière du jour et par beau temps. Les appareils haut de gamme accroissent à l'évidence l'éventail des possibilités créatives, mais les modèles même les plus élémentaires sont fiables et permettent de réaliser de bons clichés.

LE 24 × 36

L'appareil compact 35 mm utilisant des films standard représente un

• La gamme des 35 mm est considérable, de l'appareil jetable, EN BAS À GAUCHE, aux modèles les plus sophistiqués, pourvus d'un télémètre automatique et d'une mise au point automatique, À L'EXTRÊME DROITE.

modèle idéal pour les débutants ou les photographes souhaitant un appareil simple, ne nécessitant qu'un minimum d'accessoires et de réglages. Cette catégorie regroupe un vaste choix de modèles. Le plus élémentaire et le moins onéreux sera du type automatique, sans posemètre incorporé ni flash, à chargement et à avance manuels du film.

L'APPAREIL REFLEX MONO-OBJECTIF

Ce type d'appareil est aussi maniable que polyvalent. Depuis son apparition sur le marché, voici près de cinquante ans, le reflex mono-objectif est devenu l'un des appareils les plus prisés, les nombreux modèles actuels offrant une extraordinaire diversité d'objectifs et d'accessoires.

La visée reflex permet de voir dans le viseur d'un reflex mono-objectif, ce que « voit » l'objectif, grâce à la présence derrière l'objectif d'un miroir réfléchissant l'image vers un prisme. Celui-ci, situé au sommet du boîtier et devant le viseur, rétablit le sens de l'image. Lorsqu'on appuie sur le déclencheur, plusieurs mécanismes sont actionnés en une fraction de seconde. Le miroir bascule de 45 degrés afin que la lumière traversant l'objectif puisse impressionner le film. L'ouverture choisie se bloque en position. L'obturateur focal s'ouvre durant le laps de temps déterminé par le réglage de la bague de vitesse d'obturation, puis se referme ; le diaphragme s'ouvre ensuite au maximum et le miroir reprend sa position d'origine : la scène redevient visible à travers le viseur.

Adapté aux films 35 mm, disponibles partout, l'appareil reflex 24 × 36 de base peut être complété par divers équipements : téléobjectif ou zoom, moteur d'entraînement de la pellicule et flash. Ce type d'appareil s'adapte idéalement à votre budget. Avantage supplémentaire : les modèles haut de

gamme et leurs accessoires, ceux qu'utilisent les photographes professionnels, peuvent être loués dans les magasins spécialisés, ce qui met à la portée de tous une grande diversité de matériels pour un prix minime.

L'APPAREIL À TÉLÉMÈTRE

Ce type d'appareil, non reflex, connaît une grande vogue auprès des photographes professionnels ; c'est avec un Leica, le plus célèbre de cette catégorie, que le photographe Henri Cartier-Bresson a réalisé la plupart de ses remarquables photographies.

À la différence des appareils à visée reflex, l'appareil à télémètre permet de voir le sujet dans un viseur distinct et non à travers l'objectif. Deux images apparaissent au centre du viseur : en effectuant la mise au point sur le sujet, la photographie est nette quand les deux images sont alignées l'une sur l'autre. Certains photographes préfèrent cette méthode, car l'appareil est plus silencieux et subit moins de vibrations en raison de l'absence de miroir basculant. Bien que l'appareil à télémètre dispose d'une gamme plus restreinte d'accessoires que le reflex mono-objectif, il est aussi robuste que fiable et pourvu d'objectifs de très grande qualité. L'appareil à télémètre est disponible en 35 mm ou en moyen format.

L'APPAREIL REFLEX MOYEN FORMAT

Ce type d'appareil se situe entre le reflex mono-objectif 35 mm et les chambres grand format, tant en ce qui concerne la taille que les applications. Ils permettent d'obtenir des photographies de formats divers : 6 × 4,5 cm, 6 × 6 cm, ou 6 × 7 cm. Ces modèles, qui disposent de gammes complètes d'objectifs et d'accessoires, sont très prisés par les photographes professionnels. Plus volumineux que les appareils 35 mm, ils sont généralement utilisés sur un trépied, bien que celui-ci ne soit pas obligatoire. Ce sont les seuls appareils à utiliser des films 120 ou 220 ISO.

LA CHAMBRE GRAND FORMAT

Ce type d'appareil, monté sur trépied, accepte des films de 12,5 × 10 cm (5 × 4 po). Le film en feuilles est chargé dans un magasin à plaques ne contenant que deux feuilles. Il ne dispose pas de viseur au sens traditionnel du terme : l'image apparaît inversée de haut en bas et de droite à gauche sur un verre dépoli. Afin de voir l'image et pour éviter toute lumière parasite, le photographe recouvre d'un drap noir l'appareil et sa propre tête. Malgré leur aspect démodé, de nombreux modèles de toute dernière génération sont en fait extrêmement perfectionnés et peuvent atteindre des prix très élevés.

Le champ d'application de ces chambres est très diversifié, tant en studio qu'en extérieur. Elles produisent des images aux détails très précis et

• Les appareils photographiques moyen format ou grand format, comme la chambre située À L'EXTRÊME DROITE, ont le plus souvent la faveur des photographes professionnels.

d'une grande finesse de résolution, mais ne se prêtent pas véritablement aux prises de vue sur le vif, à la différence d'appareils plus maniables.

L'APPAREIL À DÉVELOPPEMENT INSTANTANÉ ET LE POLAROID

Les appareils à développement instantané comme le Polaroid offrent une autre dimension à la prise de vue. Dès que le cliché est pris, le film est imprégné par les produits chimiques nécessaires au traitement de l'image, et celle-ci commence à apparaître quelques secondes à peine après le déclenchement de l'obturateur et le développement est achevé en quelques minutes. Tout en permettant d'obtenir une image immédiate du sujet, ces appareils offrent autant de possibilités créatives que leurs homologues plus conventionnels. Certains photographes professionnels fixent un dos Polaroid à l'arrière de leur boîtier ; après avoir déterminé la composition ainsi que l'exposition, ils prennent un cliché Polaroid pour vérifier que tous les réglages sont corrects, puis travaillent avec un film conventionnel. Les dos Polaroid sont disponibles pour tout type d'appareil.

LE NOUVEAU FORMAT APS

Ce type d'appareil relativement récent (APS pour *Advanced Photo System)* stocke les images sur une disquette informatique et non sur un film conventionnel. Celles-ci peuvent ensuite être visionnées sur un écran de télévision ou d'ordinateur, ou bien tirées sur papier. Cette forme de photographie, qui en est encore à ses premiers balbutiements, pourrait bien révolutionner dans le futur la technique de prise de vue.

LE MATÉRIEL : LES OBJECTIFS

Aucun appareil photo ne convient parfaitement à toutes les situations de prise de vue ; il en va de même avec les objectifs. Certains, dans telle ou telle situation, présenteront des avantages par rapport aux autres. Expérimenter différents types d'objectifs vous permettra de donner libre cours à votre créativité, éventuellement en utilisant un objectif dans une situation pour laquelle il n'est pas normalement conçu.

LES OBJECTIFS POUR REFLEX 24 × 36
La plupart des appareils reflex sont commercialisés avec un objectif dit classique, dont la longueur focale avoisinant 50 mm donne un angle de vue à peu près équivalent à ce que nous voyons à l'œil nu. Son ouverture maximale se situe vers f1,8 mais vous trouverez des objectifs ouvrant jusqu'à f1,4 ou f1,2.

LES MONTURES D'OBJECTIF
Tous les reflex 24 × 36 peuvent être équipés d'objectifs interchangeables qui se fixent sur le boîtier par l'intermédiaire d'une monture. Il existe diverses sortes de montures, la plus prisée étant la monture à baïonnette que l'on actionne en appuyant sur un petit bouton (ou en le faisant coulisser) situé sur le boîtier près de la fixation. L'objectif est désolidarisé du boîtier par une rotation de 45 degrés dans le sens des aiguilles d'une montre, et remplacé par un autre objectif en effectuant la manipulation inverse.

LE CHOIX DES OBJECTIFS
La possibilité de changer d'objectif, qui autorise une grande diversité d'options,

• Zooms et téléobjectifs.

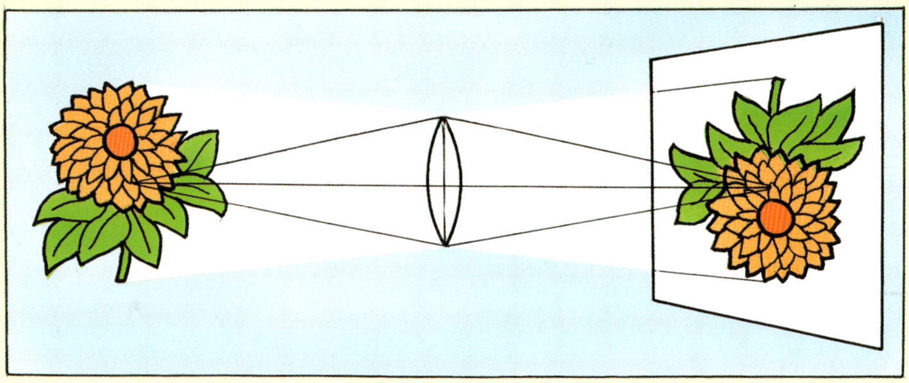

• CI-DESSUS L'image du sujet passant à travers l'objectif est inversée sur le film.

constitue probablement le premier facteur d'amélioration de la créativité photographique. Après avoir acquis un appareil photographique pourvu d'un objectif classique, il vaudra la peine d'envisager l'achat, simultanément ou peu de temps après, de deux autres objectifs, un grand-angle ou focale courte, comme un 20-40 mm, et un téléobjectif dans la gamme des 80-130 mm.

LES OBJECTIFS GRAND-ANGLE
En raison de l'élargissement de l'angle de vue qui caractérise l'objectif grand-angle, la prise de vue montre une plus grande partie de la zone située juste devant l'objectif.

• Objectifs grand-angle et téléobjectifs moyens.

Ce type d'objectif, comme tout autre accessoire photographique, présente à la fois des inconvénients et des avantages ; inconvénient le plus couramment observé : le cas des photographies de paysage dont le premier plan manque d'intérêt.

Cependant, l'objectif grand-angle permet de photographier le sujet de bien plus près que ne l'autorisent les autres objectifs, tout en conservant un arrière-plan net. Dans certains cas, cet effet pourra accroître considérablement l'intérêt de la composition.

LES TÉLÉOBJECTIFS

Le téléobjectif de longueur focale moyenne offre de nombreux avantages : il rapproche les sujets éloignés et se révèle incomparable pour le portrait. Dans ce dernier cas, il surpasse l'objectif grand-angle qui crée des déformations arrondies peu flatteuses, mais parfois amusantes, du visage du sujet. Un téléobjectif de 100 mm environ permet au photographe de se tenir à quelque distance du sujet : celui-ci sera plus décontracté et éclairé de manière plus uniforme. Le léger écrasement de la profondeur qui caractérise également le téléobjectif crée des portraits de loin plus plaisants. La profondeur de champ étant réduite, l'arrière-plan pourra être flou et un élément du visage du sujet, tels que les yeux, mis en valeur.

LES ZOOMS

Nombreux sont les photographes à apprécier la commodité de ce type d'objectif : leur longueur focale variable facilite la composition des images. Si, pour une focale donnée, le zoom est techniquement de moindre qualité qu'un objectif à focale fixe, seul un œil exercé remarquera la différence dans la plupart des situations.

Selon le style de photographie que l'on souhaite obtenir, les objectifs grand-angle et les téléobjectifs de longueur focale extrême ne se prêtent qu'à des applications très restreintes : l'achat d'un objectif de ce type devra être mûrement réfléchi.

LES OBJECTIFS « FISH-EYE »

Les objectifs « fish-eye » (« œil de poisson » ou très grand-angle) permettent des effets spectaculaires, mais leurs applications demeurent très restreintes et l'attrait de la nouveauté risque de s'épuiser rapidement.

• Téléobjectif de très grande focale.

LES OBJECTIFS MACRO
Ce type d'objectif permet d'effectuer des prises de vue très rapprochées du sujet, sans recourir aux doubleurs de focale. Selon l'objectif macro utilisé, on peut agrandir de petits objets pour obtenir des clichés grandeur nature. La plupart des objectifs de la gamme des 28-300 mm mentionnés ici étant pourvus d'une position macro intégrée, il vaudra souvent la peine de payer un supplément pour bénéficier de cette fonction.

LES OBJECTIFS À DÉCENTREMENT
Les objectifs à décentrement, ou à correction de perspective, sont utiles pour photographier des sujets de grande hauteur, car ils suppriment le phénomène de la convergence des verticales vers le haut de l'image. Pour résoudre ce problème, le plan du film doit demeurer parallèle au plan vertical du sujet de sorte que toutes les lignes verticales demeurent parallèles entre elles. Dans le cas d'un objectif fixe, il peut être difficile de cadrer le sommet des sujets de grande hauteur ; l'objectif à décentrement autorise la modification de l'axe, celui de l'objectif étant décentré vers le haut par rapport à celui de l'appareil photographique : il devient alors possible de photographier le sommet de bâtiments élevés.

• Objectifs « fish-eye », très grand-angle et macro.

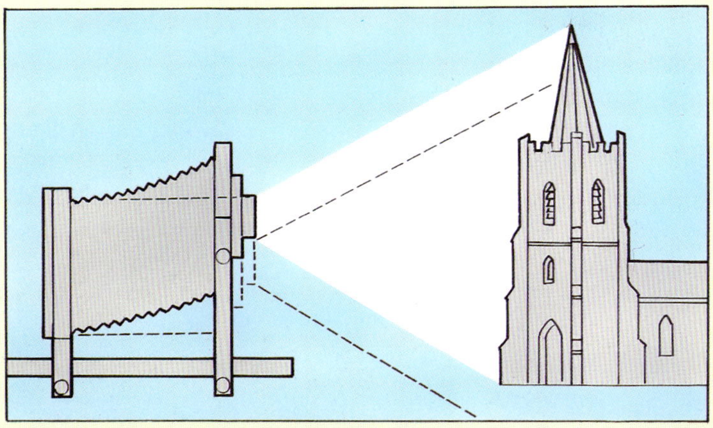

• CI-DESSOUS
En utilisant un objectif à décentrement, ou à correction de perspective, plutôt qu'en déplaçant l'axe de l'appareil, il devient possible de cadrer parfaitement les sujets de grande hauteur, comme des bâtiments.

LES ACCESSOIRES

La constitution d'un équipement photographique complet peut nécessiter de très nombreux accessoires. Cependant, aucun accessoire ne vous permettra d'améliorer comme par enchantement votre talent de photographe. Si les accessoires constituent une aide technique, seul votre regard sera à l'origine d'une photographie réussie.

LE FILTRE UV

Après avoir choisi votre appareil photographique, votre second achat sera celui d'un filtre UV. Vous le visserez à demeure sur l'objectif, que vous travailliez en couleur ou en noir et blanc. Tout en réduisant la quantité de rayons ultraviolets pénétrant dans l'objectif (minimisant ainsi le voile atmosphérique ainsi que la dominante bleue qui peut apparaître sur le film), il protège la lentille frontale de l'objectif. Il est en outre bien moins onéreux de remplacer un filtre rayé, même d'excellente qualité, qu'un objectif rayé. N'hésitez pas à acheter un filtre UV pour chacun de vos objectifs.

Hormis le filtre UV, le photographe dispose d'une vaste gamme de filtres et de porte-filtres spéciaux, des filtres de correction et d'équilibre des couleurs aux filtres et aux caches à effets.

LE PARASOLEIL

Celui-ci devrait être acheté en même temps que l'appareil photographique. Si l'on observe des photographes professionnels, on constatera qu'ils utilisent tous des parasoleils. Cet accessoire empêche l'essentiel des lumières parasites de pénétrer dans l'objectif et de gâcher la photographie, qu'il s'agisse de la lumière du soleil tombant sur l'objectif ou de la lumière réfléchie par une surface brillante. Si vous doutez de l'utilité du parasoleil, la prochaine fois que vous sortez au soleil, à pied ou en voiture, notez la façon dont vous vous protégez les yeux de la lumière avec la main ou le pare-soleil de votre automobile. Le parasoleil a exactement la même fonction en ce qui concerne l'objectif.

LE TRÉPIED

Le trépied permet de stabiliser l'appareil photographique durant les prises de vue requérant un long temps de pose. Pour être efficace, il doit être rigide. Certains trépieds, complètement dépliés, sont trop légers : il vaudra mieux acquérir un modèle robuste et fiable, quitte à payer un prix plus élevé. Les trépieds sont disponibles en divers formats, des plus petits mesurant environ 15 cm (6 po) de haut, aux plus grands et plus robustes qui peuvent atteindre plus de 3 m (10 p) de haut.

Certains sont livrés avec tous leurs accessoires, d'autres nécessitent l'achat d'une tête de fixation de l'appareil. Vérifiez les différents types de tête avant d'effectuer votre choix. La tête à plateforme panoramique est la plus commune : elle autorise le déplacement en douceur de l'appareil sur un angle horizontal de 360 degrés (panoramique horizontal) ainsi que sur un angle vertical de 90 degrés vers l'avant

et de 45 degrés vers l'arrière (panoramique vertical). Si l'angle de 45 degrés se révèle insuffisant, fixez l'appareil dans l'autre sens et manœuvrez la tête de l'avant vers l'arrière.

La tête à rotule est également un système commode : elle est normalement pourvue de deux boulons autorisant la rotation de l'axe de l'appareil fixé sur le pied de manière comparable à la tête panoramique, mais de façon plus souple.

LE MONOPODE

Les trépieds ordinaires, à trois branches, étant le plus souvent encombrants, il est parfois interdit de les utiliser dans certains lieux sans autorisation spéciale des églises, monuments historiques et musées. Comme son nom l'indique, le monopode est pourvu d'une branche unique réglable en hauteur ; il est nécessaire de le maintenir, mais il offre un soutien suffisant à l'appareil photographique. Les photographes professionnels travaillant dans les compétitions sportives l'utilisent presque systématiquement.

LE DÉCLENCHEUR SOUPLE

On peut fixer un déclencheur souple sur n'importe quel appareil pourvu d'un bouton de déclencheur à pas de vis. En appuyant sur le piston situé à l'autre extrémité, on déclenche l'obturateur sans contact direct avec l'appareil. Le déclencheur souple est souvent utilisé en association avec le pied dans le cas de prises de vue à vitesse d'obturation lente, afin de réduire les vibrations nécessairement provoquées par le déclenchement manuel.

Les appareils reflex 24 × 36 disposent désormais d'un nouveau type de déclencheur souple : quand on appuie sur le piston du déclencheur jusqu'à mi-course, on actionne le mécanisme de relèvement du miroir, ce qui élimine les risques de vibrations dus au déplacement du miroir à ce stade du déclenchement de l'obturateur ; enfin, en appuyant à fond sur le piston on provoque l'ouverture de l'obturateur, l'appareil demeurant parfaitement stable.

LA VALISE OU LE SAC DE TRANSPORT

Pour protéger et transporter matériel et accessoires, il vous faudra acquérir une valise adaptée. Les plus efficaces sont pourvues de parois externes rigides et dotées à l'intérieur de compartiments moulés en mousse accueillant les divers accessoires. Des sacs fourre-tout sont également commercialisés, mais ils ne conviennent pas aux objets les plus fragiles. La forme de ces valises ou de ces sacs trahit le plus souvent leur contenu et attire les voleurs : ne laissez pas votre matériel visible dans votre voiture. Les primes d'assurance du matériel photographique haut de gamme sont devenues très onéreuses : si vous ne pouvez faire autrement que de laisser votre matériel dans votre voiture, vérifiez que ce risque

Flashes classiques

Flash annulaire

est prévu par votre police d'assurance.

Ces accessoires sont autant d'outils offrant au photographe expérimenté la possibilité de travailler dans une grande diversité de situations.

LES FIXATIONS DE FLASH

Comme les reflex ne disposent pas pour la plupart de flash incorporé, il vous sera utile d'acheter un flash qui se fixe au contact flash ou à la griffe porte-accessoire de l'appareil. Certains modèles, bien que très compacts, sont perfectionnés et puissants.

Les plus puissants sont généralement montés sur un bras vissé sur la base du boîtier et reliés par un câble à la prise de synchronisation du flash. Lorsque l'obturateur est actionné, un signal électrique déclenche le flash.

LES POSEMÈTRES

Bien que la plupart des appareils disposent aujourd'hui d'un système incorporé d'évaluation de l'exposition, un posemètre indépendant peut se révéler utile. Les cellules photoélectriques les plus communes, qui ne requièrent pas de pile, mesurent la quantité de lumière disponible. Ce sont des instruments fiables, mais moins puissants et sensibles que les

Soufflet-allonge

Posemètre pour lumière ambiante et flash

Ensemble de bagues-allonge

Posemètre à piles

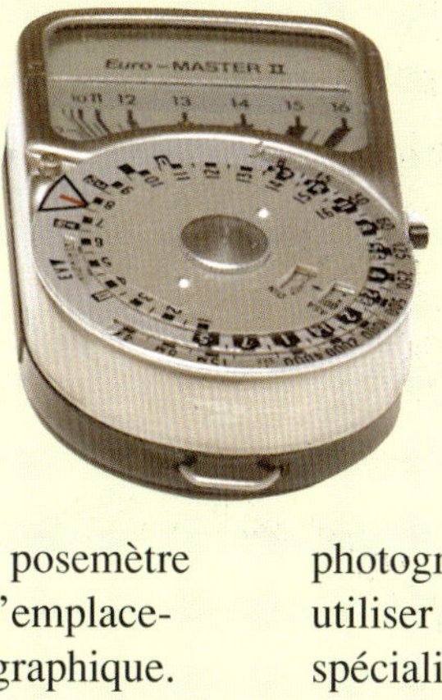

Cellule photo-électrique

posemètres à pile, qui offrent souvent, outre la mesure de la lumière ambiante, une fonction de flashmètre.

En lumière ambiante, le posemètre peut mesurer la lumière incidente comme la lumière réfléchie.
La mesure de la lumière incidente s'effectue en plaçant le posemètre sur ou à proximité du sujet et en le pointant vers la source lumineuse.
La mesure de la lumière réfléchie s'effectue en orientant le posemètre vers le sujet à partir de l'emplacement de l'appareil photographique. Mais pour tirer le meilleur parti de la combinaison de ces diverses mesures, une certaine pratique est nécessaire.

LES BAGUES-ALLONGES ET LES SOUFFLETS

Ces accessoires des appareils reflex 24 × 36 sont destinés à la macrophotographie. On peut également utiliser à cette fin des objectifs spécialisés, mais les bagues-allonges donnent de bien meilleurs résultats.

Les bagues ou les soufflets se fixent sur la monture d'objectif, entre le boîtier et l'objectif lui-même. Chaque type de bague-allonge correspond à un type de grossissement, tandis que les soufflets offrent un grossissement variable.

L'ENTRETIEN DU MATÉRIEL

Aussi fragiles qu'onéreux, les appareils photographiques et les objectifs doivent être traités avec soin. L'eau, la poussière, la saleté et le sable sont leurs pires ennemis, de même que la chaleur : ne laissez jamais votre matériel en plein soleil, dans la boîte à gants de votre voiture ni près d'une source de chaleur intense. Si vous l'emportez sur une plage de sable, emballez-le soigneusement dans un sachet en plastique, car le moindre grain de sable risque d'endommager définitivement votre précieux matériel : même par un jour sans vent, le sable semble s'immiscer partout.

Quand vous n'utilisez pas votre appareil, rangez-le dans sa housse ou, avec les autres accessoires, dans la valise ou le sac de matériel. Si vous devez ne pas l'utiliser pendant un certain temps, retirez les piles, car elles risquent de corroder les contacts électriques et de provoquer des dégâts irréparables.

LES OBJECTIFS ET LES FILTRES
Conservez toujours un filtre UV vissé sur l'objectif : ce type de filtre, qui réduit le rayonnement ultraviolet et protège la lentille frontale, pourra être laissé à demeure sur l'objectif, que vous travailliez en couleur ou en noir et blanc. Il est moins onéreux de remplacer un filtre rayé qu'un objectif rayé. Si le filtre ou l'objectif sont sales, dépoussiérez-les en utilisant une bombe à air comprimé ; le plus souvent, ces dernières ne contiennent pas de gaz CFC néfaste à la couche d'ozone.. Sinon, utilisez une brosse à soufflet. Si vous ne disposez d'aucun de ces deux accessoires, contentez-vous de souffler doucement sur la surface empoussiérée. Il faudra ensuite nettoyer toute trace de saleté en frottant délicatement le filtre ou l'objectif à l'aide d'un tissu doux conçu à cet effet ou d'un papier spécial pour lentilles.

Si un mécanisme de l'appareil se bloque sans cause apparente, ne forcez pas, car vous risquez d'endommager

Chiffon antistatique

Bouchon d'objectif

Filtre UV

Pinceau souffleur

plus gravement votre matériel. Si l'objectif ou l'appareil présente un vice de fonctionnement, confiez-les à un réparateur spécialisé ou remettez-les à votre vendeur s'ils sont toujours sous garantie.

Bombe sous pression

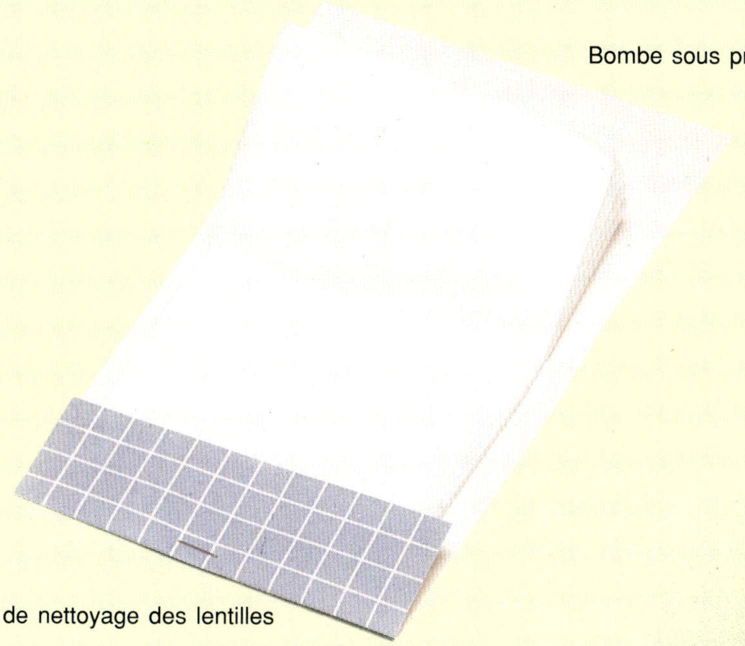

Papier de nettoyage des lentilles

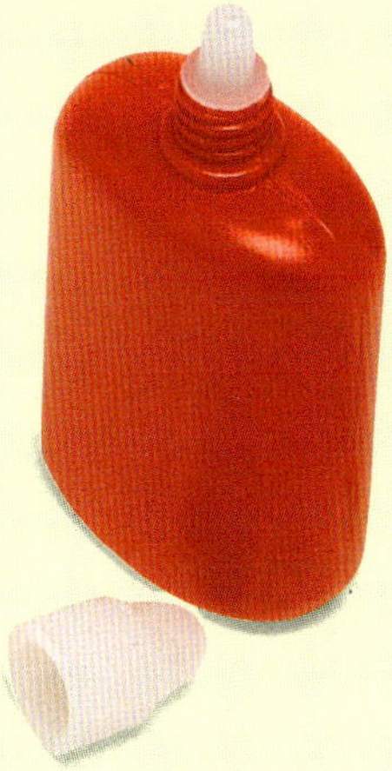

Liquide de nettoyage des lentilles

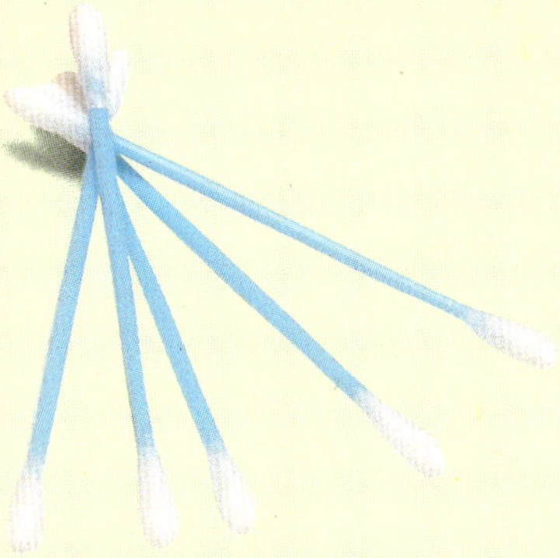

Coton-tige

LA PROTECTION DES NÉGATIFS ET DES DIAPOSITIVES

Négatifs et diapositives constituent de précieuses archives, la trace visuelle de vos souvenirs et de vos travaux photographiques. Les clichés montrant l'évolution d'un enfant depuis sa naissance forment un journal visuel ; cet enfant lui-même aura plus tard des enfants, puis des petits-enfants : existe-t-il meilleur moyen d'observer les transformations d'une famille, de son cadre de vie, voire de son pays d'origine, que par le biais d'archives photographiques ? Si les négatifs sont soigneusement conservés, les générations futures disposeront d'un fascinant arbre généalogique visuel. Il serait fort dommage d'égarer vos négatifs couleur et vos diapositives : si les épreuves sur papier sont détruites, ou si vos amis vous en demandent un tirage, rien n'est plus facile que d'utiliser le négatif d'origine. Il est toutefois désormais possible de reproduire une photographie à partir d'un tirage papier, mais avec une déperdition de qualité.

LE STOCKAGE DES NÉGATIFS
Négatifs et tirages vous sont remis dans des pochettes qui constitueront un excellent système de stockage si celles-ci sont datées et convenablement répertoriées. Conservez-les dans un tiroir en notant leur contenu. Il existe également des classeurs spéciaux pour négatifs, composés de feuilles de papier ou de plastique doubles et pourvues de poches ou de glissières accueillant négatifs et diapositives. Ces feuilles perforées sont souvent rangées dans des classeurs.

LE STOCKAGE DES DIAPOSITIVES
Si les diapositives sont montées, elles seront rangées dans des boîtes spéciales dotées de rainures et d'un système d'indexation. Vous pouvez aussi les conserver dans des paniers de projecteur ; certains sont munis d'un couvercle anti-poussière ou s'intègrent dans un coffret. Vous pouvez les y classer comme précédemment.

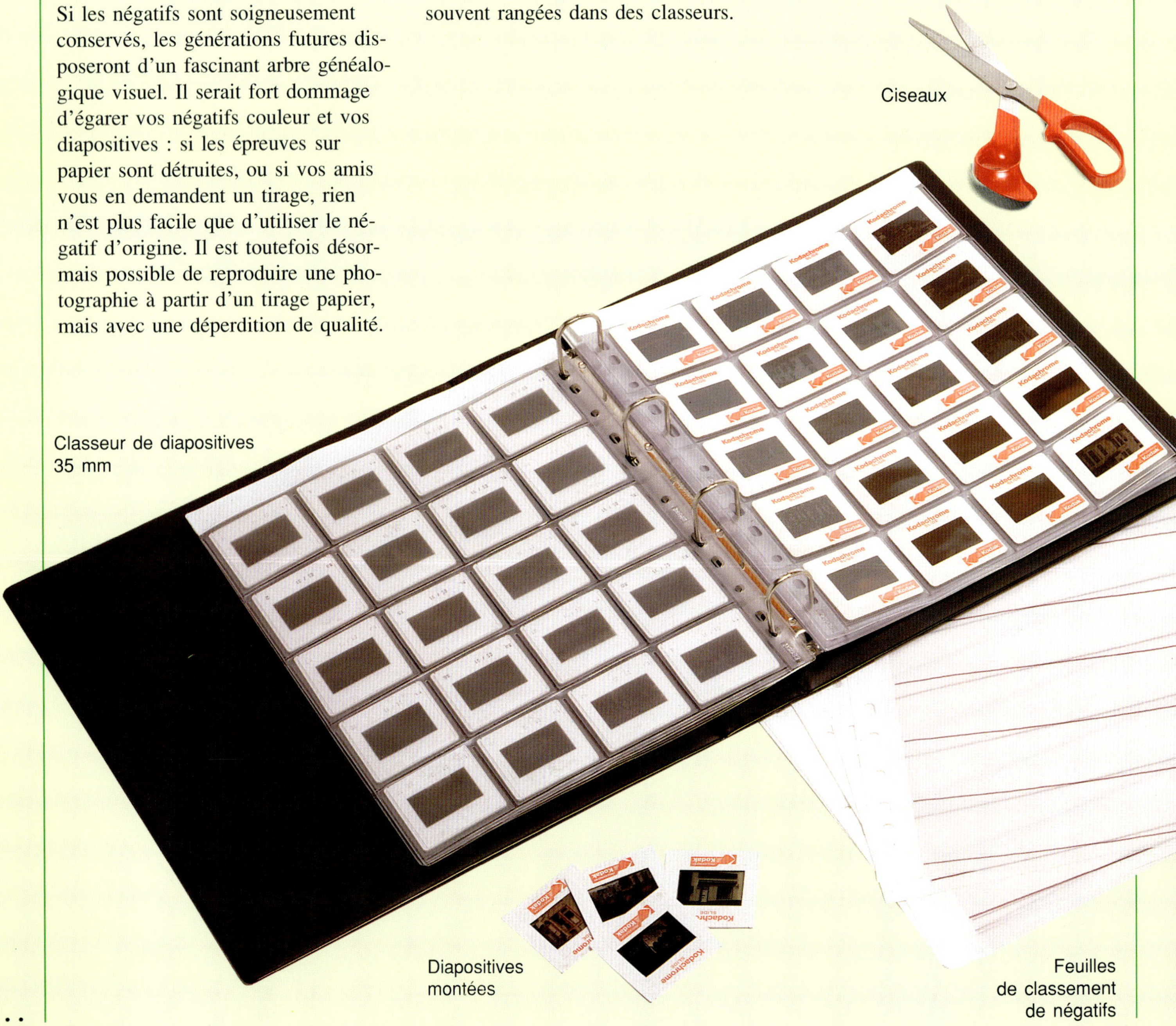

Ciseaux

Classeur de diapositives 35 mm

Diapositives montées

Feuilles de classement de négatifs

Classeur de négatifs

Feuilles de plastique rigide
pour visionner
les négatifs 35 mm

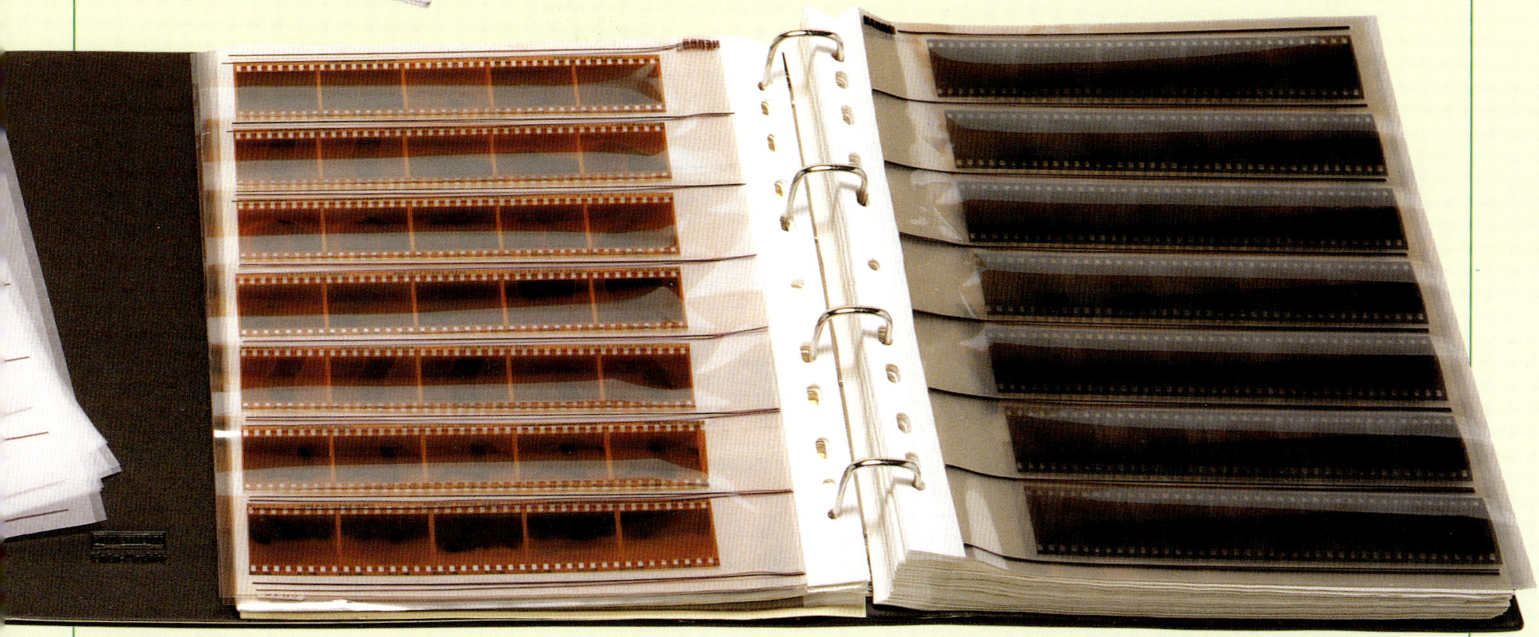

Classeur de diapositives 6 × 6 cm

LES TYPES DE FILM : *1*

Il existe deux sortes principales de film couleur.

- Le film inversible couleur produit des diapositives qui, serties dans une monture, peuvent être projetées ou regardées par l'intermédiaire d'une visionneuse ou d'un projecteur. À partir de diapositives, il est possible d'obtenir des tirages papier, soit directement, soit avec un internégatif, ce qui implique le report de la diapositive sur un film négatif couleur.
- Le film négatif couleur sert à la production de tirages sur papier.

Les photographes professionnels utilisent pour la plupart le film inversible couleur tandis que la majorité des amateurs préfère le film négatif couleur.

Ces deux types de film sont disponibles du format 110 au film en feuille de 30 × 20 cm (10 × 8 po) et en 35 mm, ainsi qu'en diverses sensibilités caractérisées par leur nombre ISO (*International Standards Organization*) : de 25 ISO environ pour les films les moins sensibles à 1 600 ISO et au-delà pour les plus sensibles. Moins le film est sensible, plus le grain est fin, plus le piqué est important de même que la saturation et le contraste des couleurs. Les films 1 600 ISO peuvent être « poussés » jusqu'à 3 200 ISO et davantage pour travailler en lumière faible, mais le grain devient très important.

L'AUGMENTATION DE LA SENSIBILITÉ D'UN FILM ET LE CODAGE DX

En termes de métier, on « pousse » un film en l'utilisant à une sensibilité supérieure à celle indiquée par le fabricant, ce qui permet de diminuer le temps de pose. Le développement des films poussés étant plus long que celui des films utilisés à leur sensibilité ISO nominale, vous devrez l'indiquer au laboratoire. Certains demandent un supplément de prix pour le traitement de ces films. Seuls les films inversibles couleur sont poussés, car les films négatifs couleur subissent tous le même traitement. La fabrication de certains types actuels de films négatifs couleur tient cependant compte de cette possibilité.

Les films 35 mm sont pourvus d'un codage DX : la cartouche du film porte un code barre qui est lu par le capteur présent dans la plupart des appareils modernes, ce qui autorise le réglage automatique de la sensibilité ISO de l'appareil. Si vous souhaitez pousser un film, vous devrez masquer le code barre d'origine du

film avec des codes barres autocollants. Si où votre appareil est muni d'un correcteur d'exposition, vous pourrez le régler pour pousser le film. Quelle que soit la méthode utilisée, vous devrez en aviser le laboratoire.

LA LUMIÈRE

On distingue deux types de films inversibles couleur : l'un est destiné aux prises de vue en lumière naturelle ou avec un flash électronique, l'autre aux prises de vue en lumière artificielle. En utilisant un film pour lumière naturelle dans des conditions d'éclairage de type lumière artificielle, on obtient des couleurs très chaudes, rouge orangé. Si l'on travaille avec un film type pour lumière artificielle à la lumière du jour, on obtient des couleurs froides, bleutées. Bien que ces deux sortes de films soient conçues pour des conditions d'éclairage spécifiques, rien n'interdit de les utiliser sous d'autres types d'éclairage. Toutes deux supportent également l'utilisation d'un filtre correcteur de lumière : avec un filtre orangé 85B, on obtient une balance des couleurs normale sur un film lumière artificielle utilisé en lumière naturelle ou avec un flash électronique ; avec un filtre bleuté 80B, on obtient une balance normale avec un film lumière naturelle utilisé en lumière artificielle.

Il y a peu de temps encore, il n'existait qu'une seule sorte de film négatif couleur, utilisable en lumière naturelle comme en lumière artificielle, les dominantes colorées étant corrigées lors du tirage. On dispose aujourd'hui de plusieurs types de films négatifs couleur spécifiquement conçus pour la prise de vue en lumière artificielle.

LA MESURE DE L'EXPOSITION

Les films inversibles couleur nécessitent une mesure plus précise de l'exposition que les films négatifs couleur, car la diapositive constitue le résultat final. Avec le film négatif couleur, les imprécisions de la mesure de l'exposition seront corrigées lors du tirage. Quand une grande précision est requise, il est utile d'effectuer plusieurs tests sur un film Polaroid à développement instantané, ce qui permet d'affiner tous les réglages de la prise de vue.

LE FILM INFRAROUGE

Le film infrarouge crée des effets imprévisibles, très différents des couleurs habituelles, les feuillages devenant magenta, par exemple, et les tons de peaux claires, verts.

LES TYPES DE FILM : *2*

Au cours des deux dernières décennies, la couleur est devenue la norme. Les photographes amateurs ont quasiment délaissé le noir et blanc, ce qui est fort dommage, car nombre de compositions en couleurs ont souvent meilleure allure en noir et blanc. Quelques-uns des photographes contemporains les plus réputés se sont rendus célèbres pour leurs travaux en noir et blanc, leurs œuvres exposées ou publiées étant réalisées presque exclusivement en noir et blanc.

Nous sommes naturellement attirés par la photographie couleur, car nous voyons le monde en couleurs. Toute image en couleurs nous paraîtra donc plus ou moins acceptable, alors qu'une image en noir et blanc devra être composée précisément pour mériter notre attention. Une autre raison explique le déclin du noir et blanc : ce type de film est presque aussi cher à l'achat qu'un film couleur et plus onéreux au développement ainsi qu'au tirage. Le traitement d'un film noir et blanc est en outre plus long : vous ne pourrez pas obtenir vos tirages en une heure !

À la différence du film couleur, proposé sous deux formes (film inversible et film négatif), le film noir et blanc est presque toujours du type film négatif. Inutile de s'inquiéter de la balance des couleurs : il convient à n'importe quelle condition d'éclairage. Il est commercialisé en une grande diversité de sensibilités ISO, des plus lentes – 25 ISO – aux plus rapides 3 200 ISO – ces dernières pouvant en outre être « poussées » pour obtenir une sensibilité plus importante encore. Les films peu sensibles donnent un grain très fin et des ombres détaillées, le tirage pouvant supporter un important rapport d'agrandissement sans perte notable de qualité. Les plus sensibles donnent au contraire un grain très important et des ombres bien moins détaillées.

LE FILM NOIR ET BLANC

La première étape du traitement d'un film noir et blanc consiste habituellement à tirer une planche-contact : un film de 36 poses est découpée en six bandes de six négatifs, disposées sur une feuille de papier photographique de 20 × 30 cm (10 × 8 po) pour obtenir un tirage par contact. L'on

choisit ensuite sur la planche-contact les négatifs qui seront tirés sur papier. Tout en effectuant ce choix, on peut également marquer les parties indésirables du négatif qui devront être recadrées au tirage : avec un crayon gras, tracez sur la planche-contact les nouvelles limites du cadre du négatif. Vous pourrez aussi demander à la personne chargée du tirage de modifier l'angle du cadre-margeur, qui maintient en place le papier photographique sous l'agrandisseur, afin d'incliner l'image, ce qui permet souvent d'améliorer la composition générale du cliché. Certains laboratoires fournissent des « planches-contact » agrandies donnant une meilleure idée du tirage finale. Le film est ensuite tiré sur du papier photographique de format 40 × 30 cm (16 × 12 po), 50 × 30 cm (20 × 16 po) ou 60 × 50 cm (24 × 20 po).

Les épreuves sont tirées à la demande sur divers types de papier mat ou brillant, voire sur un support plastifié qui requiert un temps de développement et un lavage moins longs, et sèche plus rapidement que le papier standard. Le papier traditionnel remporte la préférence des photographes professionnels pour les tirages d'exposition ou de portfolios. Ces deux types de papier se prêtent au virage de couleur. Si le virage sépia est le plus connu, il en existe d'autres, adaptés soit au papier traditionnel, soit au papier plastifié. Il est également possible de colorer à la main les tirages noir et blanc : cette technique ancienne, qui bénéficie aujourd'hui d'un regain d'intérêt, nécessite l'emploi de couleurs spéciales.

LES AUTRES TYPES DE FILM NOIR ET BLANC

Les diapositives noir et blanc destinées à la projection sont réalisées à l'aide d'un film noir et blanc « positif » spécial. La firme Polaroid fabrique également un film noir et blanc à développement instantané. Les films noir et blanc infrarouges donnent des résultats inhabituels : les prises de vue effectuées à la lumière du jour ressemblent à des scènes nocturnes ; mais la maîtrise de ce type de film nécessite de nombreux essais.

L'ŒIL HUMAIN ET L'APPAREIL PHOTOGRAPHIQUE

Puisque nous voyons le monde en couleurs, nous aurons tous tendance, le plus souvent, à charger notre appareil avec un film couleur. D'ailleurs, avant l'invention de la couleur, les tirages noir et blanc étaient teintés par virage, voire colorés à la main pour accentuer leur réalisme.

En raison des progrès techniques intervenus en matière de film couleur, tout le monde peut désormais obtenir des clichés à peu près convenablement exposés. Mais l'exposition n'est pas l'unique paramètre décisif de la réussite d'une photographie. De même que le peintre maîtrise ses couleurs sur la palette, le choix des associations de couleurs dans un cliché, de la juxtaposition de teintes différentes ou complémentaires, joue un rôle essentiel dans la création d'une bonne photographie.

L'ŒIL HUMAIN ET LE FILM

Les couleurs visibles sont réfléchies par les objets observés. La lumière tombant sur ceux-ci change constamment, et avec elle les couleurs. La lumière du jour est plus chaude – plus rouge – en début de matinée et en fin de journée qu'à midi. Les conditions atmosphériques influent également sur la qualité de la lumière du jour. Par temps couvert, les couleurs sont plus froides – plus bleues – que sous un soleil éclatant. Le soleil voilé par les nuages donne des couleurs douces. Cependant, l'élément essentiel de la vision des couleurs, ce n'est pas l'œil, mais le cerveau.

Si nous savons que cette veste présente telle nuance de rouge, nous verrons précisément ce rouge à n'importe quel moment de la journée, quelles que soient les conditions atmosphériques ; et même à l'intérieur, en éclairage artificiel à la lumière des lampes ordinaires au tungstène se caractérise pourtant par un important décalage vers les rouges et les orange du spectre, ce qui détermine des couleurs très différentes de celles observées à la lumière du soleil.

Le film photographique réagit différemment. Lorsque nous quittons la lumière du jour en pénétrant dans un bâtiment, notre vision s'adapte aux modifications de l'éclairage. Mais si nous utilisons un film conçu pour une utilisation en lumière naturelle pour photographier la veste rouge d'abord à l'extérieur puis à l'intérieur, sous une lumière artificielle, le premier cliché sera convenable, tandis que le second présentera une importante dominante orangée. Si nous utilisons un film équilibré pour la lumière artificielle, la photographie réalisée à l'intérieur sera acceptable, tandis que les teintes de celle exécutée à l'extérieur seront décalées vers l'autre extrémité du spectre, montrant une dominante bleu violet.

Pour réussir une photographie en couleurs, il est aussi important de comprendre comment l'œil humain voit la couleur et comment le film couleur enregistre celle-ci que d'effectuer de nombreux essais.

• La juxtaposition de diverses photographies en couleurs crée un effet de collage saisissant avec ses coloris éclatants, ses teintes et ses nuances contrastées ou complémentaires.

ARROW Stage
95253

Il est dommage que la plupart des photographes amateurs n'imaginent pas utiliser d'autre émulsion que le film couleur, car la prise de vue en noir et blanc est un exercice des plus profitables. Ceci s'explique sans doute par le fait que l'on souhaite que l'image soit conforme au souvenir visuel que l'on conserve de telle scène particulière. Pourtant, le noir et blanc permet souvent d'obtenir une image plus significative que la couleur. La photographie noir et blanc étant davantage une interprétation qu'un simple enregistrement, c'est au photographe de créer l'image par le jeu de la composition, des textures et des tons. Si ces facteurs demeurent importants en couleur, ils sont fondamentaux en termes de noir et blanc.

Si vous disposez de deux appareils, chargez l'un avec un film noir et blanc, l'autre avec un film couleur. En comparant les tirages, vous serez étonné de l'expressivité de vos images noir et blanc.

LA GAMME DES TONS

La gamme des tons, qui s'étage du noir le plus intense au blanc le plus lumineux en passant par toute les nuances de gris, est appelée gamme de gris. On peut se procurer dans les magasins spécialisés des chartes de gris ou gammes de densités qui permettent d'analyser une photographie. Un tirage noir et blanc dans lequel l'essentiel des tons appartient aux deux extrémités de la gamme est dit à haut contraste. Si ces tons sont en majorité situés vers les blancs, on parle d'image en valeurs claires ; un cliché où les tons tirent vers le noir est dit à valeurs sombres ; une image présentant l'ensemble de la gamme des tons est dite en demi-teintes.

L'Américain Ansel Adams est l'un des maîtres de la photographie en noir et blanc ; ses paysages magistralement composés montrent une science remarquable des possibilités qu'offre la gamme des tons.

• CI-DESSUS Cette photographie souligne le velouté de la peau du modèle. Elle est éclairée par un unique flash à lampe de studio muni d'un grand diffuseur ou réflecteur doux qui, comme son nom l'indique, donne une lumière douce très uniforme. Ce portrait est réalisé avec le même film de sensibilité 100 ISO, que celui de l'homme plus âgé page ci-contre.

• À GAUCHE En photographiant en noir et blanc ce chantier naval menacé de fermeture, on obtient une atmos- phère plus dramatique qu'en couleur. Le tirage a été volontairement assombri pour renforcer l'impression de désespoir.

• A GAUCHE Cette photographie de studio présente une harmonieuse gamme de tons. Les noirs extrêmes sont intenses et uniformes, les demi-tons montrent une gradation régulière. Le noir et blanc met en valeur les rides et le grain de la peau. L'éclairage principal est situé à droite, l'éclairage d'appoint à gauche. Un éclairage disposé au-dessus de la tête illumine les cheveux. Cette photographie a été réalisée avec un film de sensibilité 100 ISO.

• CI-DESSOUS Si vous hésitez entre la couleur et le noir et blanc et si vous possédez deux appareils, effectuez la même prise de vue avec les deux émulsions, comme cela a été fait ici. Le tirage noir et blanc a été réalisé sur un papier dur pour souligner les contrastes de la prairie. Ces deux photographies ont été exécutées avec le même grand-angle, à quelques minutes d'intervalle.

LE TRAITEMENT DU FILM

De nombreux magasins spécialisés dans le développement et le tirage des films prétendent vous offrir un service professionnel personnalisé. De fait, le plus souvent, le film sera envoyé à un laboratoire de traitement centralisé où les films, après avoir reçu un code d'identification informatisé, sont rassemblés pour former une longue bobine comparable aux bobines de pellicule cinématographique. Les films sont traités puis tirés en une succession rapide, les tirages découpés et rassemblés dans des pochettes, le tout étant ensuite renvoyé au magasin où vous avez déposé votre film.

Si vous souhaitez obtenir une qualité optimale de développement et de tirage de photographies soigneusement composées et exposées, adressez-vous à un laboratoire d'excellente réputation.

LE TRAITEMENT PROFESSIONNEL

Le photographe professionnel, plus particulièrement celui travaillant avec du film inversible couleur, entretient, généralement, d'étroites relations avec les techniciens de son laboratoire. Ce dernier devra offrir un service en tout point excellent, au risque de perdre sa clientèle professionnelle.

Le laboratoire pourra traiter au préalable une bande de contrôle : avant que le technicien ne développe tout le film, il découpe les premières images du négatif et les traite à part. Le photographe, après avoir vérifié la bande de contrôle de traitement, demandera le cas échéant à ce que l'on procède à certaines corrections lors du développement du reste du film. Ces corrections peuvent être effectuées au 1/8 de diaphragme près (ce qui équivaut à la différence entre f8 et f11, ou à un temps de pose compris entre 1/60 et 1/125 de seconde).

À l'évidence, pour que ces corrections en valent la peine, il faut que chaque vue du film soit convenablement exposée. Le laboratoire facture un supplément pour le traitement de la bande de contrôle. Le prix de vente des films Kodachrome professionnels inclut le développement, mais même ce type de film peut désormais faire l'objet de corrections après traitement d'une bande de contrôle.

> LE TRAITEMENT DU FILM CHEZ SOI
>
> Les plus expérimentés d'entre vous pourront acquérir un kit de développement pour films négatifs couleur, films inversibles couleur ou films noir et blanc. Nul besoin de posséder une chambre noire parfaitement équipée pour développer un film. Hormis les produits chimiques du kit de traitement, vous devrez vous munir d'une cuve de développement (commercialisée en plusieurs formats selon le nombre de films que l'on souhaite développer à la fois) et disposer d'un local ou d'un placard étanche à toute lumière pour charger le film dans la cuve de développement. Ceci fait, les étapes ultérieures du traitement sont effectuées en plein jour. Vous devrez bien sûr revenir dans la chambre noire pour procéder au tirage de vos photographies.

SUR-DÉVELOPPEMENT ET SOUS-DÉVELOPPEMENT

Si un film est sous-exposé, après avoir été « poussé », par exemple, il devra subir un développement de plus longue durée appelé sur-développement. Les films surexposés font l'objet d'un sous-développement (la durée de développement est écourtée).
Si ces procédés sont couramment mis en œuvre, ils ne devraient l'être qu'en dernier recours, car tous deux provoquent une baisse de la qualité de l'image : plus le sur-développement ou le sous-développement sont importants, moins la qualité sera satisfaisante.

LES AGRANDISSEMENTS

Ici encore, les agrandissements effectués par un laboratoire professionnel seront de meilleure qualité. Vous pourrez exiger tel recadrage au tirage ou telle position du négatif dans le cadre-margeur de l'agrandisseur.
Si vous souhaitez obtenir un tirage papier d'une diapositive, vous pourrez également demander des corrections de la dominante colorée. De même, il est possible d'assombrir ou d'éclaircir certaines zones de l'image au moment du tirage, si les divergences de ton entre les zones claires et les ombres sont trop prononcées.

• Couleur ou noir et blanc, diapositive ou négatif – après la prise de vue, le traitement du film est une étape fondamentale.

LE DIAPHRAGME

Les différentes ouvertures du diaphragme de l'appareil influent sur la quantité de lumière impressionnant le film. Lorsqu'on déclenche l'obturateur, celui-ci laisse passer la lumière à travers le diaphragme. Obturateur et diaphragme sont deux éléments essentiels, le second déterminant la profondeur de champ tout en contribuant à l'exposition du film.

Il existe une corrélation directe entre la vitesse de l'obturateur et l'ouverture du diaphragme : la situation photographiée ou l'effet souhaité dictent une combinaison de la vitesse de l'obturateur et de l'ouverture du diaphragme. Pour une exposition de 1/15 de seconde et une ouverture de f22, il faudra ouvrir davantage le diaphragme si l'on souhaite accroître la vitesse d'exposition, par exemple :

1/30 seconde	f16
1/60 seconde	f11
1/125 seconde	f8

LA PROFONDEUR DE CHAMP

La profondeur de champ est l'espace considéré comme net, s'étendant devant et derrière le sujet photographié. En ouvrant le diaphragme d'un objectif normal à f1,8 et en visant un sujet situé à 1,8 m, l'arrière-plan et le premier plan situés immédiatement à proximité du sujet seront flous, et donc la profondeur de champ extrêmement réduite. En fermant le diaphragme à des valeurs atteignant f16 ou f22, on augmente la profondeur de champ, le premier plan et l'arrière-plan devenant nets de part et d'autre du sujet.

Avec un objectif grand-angle, la profondeur de champ est plus importante – même avec un diaphragme plus ouvert – qu'avec un téléobjectif.

La profondeur de champ joue un rôle essentiel dans la création photographique. Si vous souhaitez par exemple effectuer un portrait cadré aux épaules, et que l'arrière-plan soit gênant ou inintéressant, il vous suffira de modifier la profondeur de champ pour obtenir un fond flou afin que le sujet soit le seul élément net de l'image. Si, au contraire, l'arrière-plan se révèle intéressant ou si le sujet est composé d'un groupe de personnes ou d'objets diversement éloignés de l'appareil photographique et que tous doivent être nets, vous devrez fermer le diaphragme. Plus le diaphragme est fermé, plus la profondeur de champ augmente.

LES APPAREILS AUTOMATIQUES

Certains appareils sont pourvus d'un dispositif dit priorité diaphragme. Vous choisissez l'ouverture et l'appareil détermine automatiquement la vitesse d'obturation. Mais si vous optez pour un petit diaphragme, f11 ou f16 par exemple, la vitesse de l'obturateur automatiquement déterminée par l'appareil sera parfois trop lente pour effectuer une prise de vue sans poser l'appareil sur un pied ou un support.

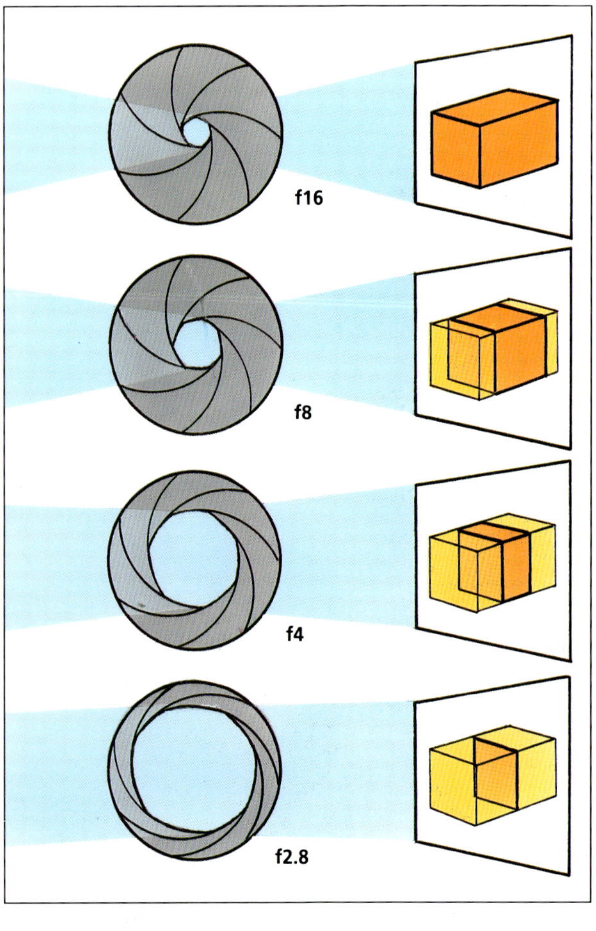

• À GAUCHE L'ouverture du diaphragme détermine la profondeur de champ : plus l'ouverture est petite, plus grande est la profondeur de champ.

• Ce cliché est réalisé avec un objectif normal et une ouverture de f2,8. Le modèle est net de même que l'accoudoir du banc au premier plan, mais tout le reste est flou.

• Ici, le photographe a utilisé un téléobjectif moyen, la mise au point étant réglée sur la jeune femme. L'ouverture étant de f4,5, la profondeur de champ est minimale.

Ce cliché est exécuté avec une ouverture de f8. Le banc est net, de même qu'une partie de l'arrière-plan, mais le lointain demeure flou.

En utilisant le même téléobjectif ouvert à f11, l'arrière-plan est toujours extrêmement flou.

Ici, le diaphragme a été réglé sur f22 : le banc est entièrement net et le lointain à peine flou. Plus on ferme le diaphragme, plus la profondeur de champ augmente, plus l'arrière-plan devient net.

En réglant le diaphragme sur f32, la profondeur de champ augmente encore, mais l'arrière-plan n'est plus aussi net que dans la première photographie : on obtient une profondeur de champ plus importante avec un objectif grand-angle qu'avec un téléobjectif.

LA VITESSE D'OBTURATION

• CI-DESSOUS Obturateur à lamelles (en haut) et obturateur focal à rideaux (en bas) en cours d'ouverture.

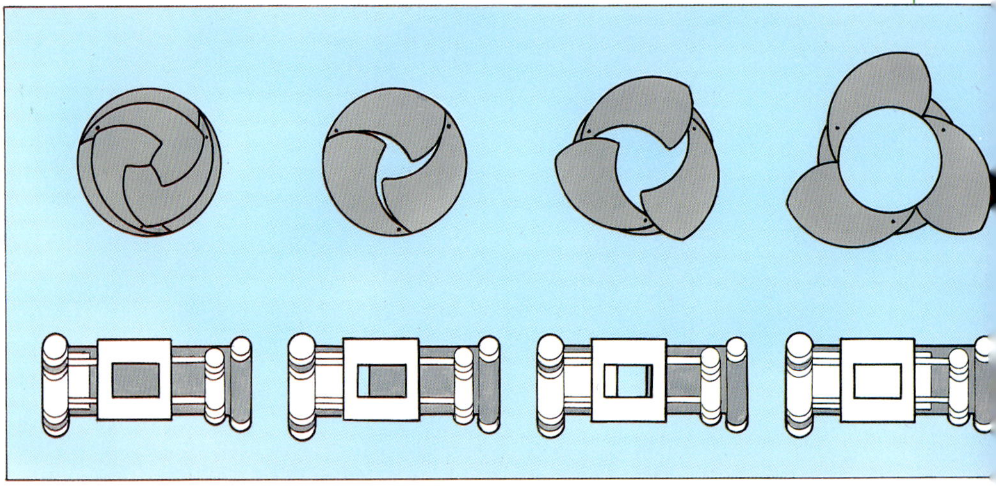

L'ouverture de l'obturateur détermine la durée d'exposition du film à la lumière. Tout en influant sur l'exposition, la vitesse d'obturation permet également d'obtenir une image nette d'un objet en mouvement et de réduire l'effet des vibrations de l'appareil.

LA PHOTOGRAPHIE D'OBJETS EN MOUVEMENT

En travaillant sans pied, il est presque impossible de stabiliser parfaitement l'appareil pour photographier à des vitesses inférieures ou égales au $^{1}/_{30}$ de seconde : vous devrez impérativement utiliser un pied ou poser l'appareil sur un support, un mur, par exemple.

Imaginons qu'un objet traverse rapidement le cadre déterminé dans le viseur. Si la vitesse d'obturation est réglée à une vitesse inférieure ou égale au $^{1}/_{60}$ de seconde, la photographie de l'objet en mouvement sera floue. À l'inverse, si l'obturateur est réglé au $^{1}/_{250}$ de seconde ou à une vitesse supérieure, le même objet sera net et apparaîtra comme figé en plein mouvement. S'il s'agit d'une voiture, il sera difficile de savoir si elle roule ou est arrêtée : le cliché risquera d'être inintéressant. Pour représenter le mouvement, il sera plus judicieux d'utiliser un temps de pose plus long, de faire tourner l'appareil en suivant l'objet mobile et de déclencher quand celui-ci se trouve dans l'axe du viseur. Ce type de photographie permet d'obtenir des images saisissantes, avec un arrière-plan flou et un sujet en mouvement.

L'USAGE CONJOINT D'UN REFLEX ET D'UN FLASH

Si l'on utilise un reflex avec un flash, il est recommandé de travailler à la vitesse d'obturation préconisée par le fabricant, généralement au $^{1}/_{60}$ ou au $^{1}/_{125}$ de seconde. Si l'on choisit

• À GAUCHE Obturateurs en cours d'ouverture. EN HAUT obturateur à lamelle. EN BAS Obturateur focal à rideaux.

• CI-DESSOUS Si l'on effectue une prise de vue au flash avec un appareil pourvu d'un obturateur focal, il est essentiel de choisir la vitesse préconisée par le fabricant, par exemple le $^{1}/_{125}$ de seconde, qui est parfois indiquée par un symbole représentant le flash sur la bague de réglage des vitesses. Si la vitesse sélectionnée est supérieure à la vitesse recommandée, seule une partie de l'image sera exposée.

• CI-DESSOUS À GAUCHE Cette photographie a été réalisée avec un appareil sur pied et une vitesse d'obturation lente, au 1/4 de seconde.

• À DROITE Quand une photo nécessite une longue exposition : ici 20 secondes, on sélectionne la pose T. Si la bague de vitesse de l'appareil ne possède qu'un réglage pose B, il faut appuyer sur le déclencheur durant toute la durée de l'exposition.

une vitesse plus rapide, seule une partie du négatif sera exposée, car le flash se déclenchera avant que le volet de l'obturateur ne soit complètement ouvert. Sur les appareils photographiques pourvus d'un obturateur à lamelles ou central, le flash peut être synchronisé à n'importe quelle vitesse, ce qui présente un intérêt certain pour les prises de vue où la lumière du jour doit être équilibrée avec un flash.

LES POSES B ET T

Certaines bagues de réglage de la vitesse d'obturation présentent deux positions indiquées B et T. Si l'on a réglé la vitesse d'obturation sur B, l'obturateur demeure ouvert aussi longtemps que le doigt reste appuyé sur le bouton du déclencheur. Si l'on opte pour la pose T, l'obturateur s'ouvre quand on appuie sur le bouton du déclencheur et reste ouvert jusqu'à ce l'on actionne de nouveau le bouton du déclencheur.

LE RÉGLAGE AUTOMATIQUE DE LA VITESSE D'OBTURATION

Certains appareils automatiques sont munis d'un dispositif dit priorité temps de pose : quand la vitesse d'obturation est réglée manuellement, l'appareil détermine automatiquement l'ouverture.

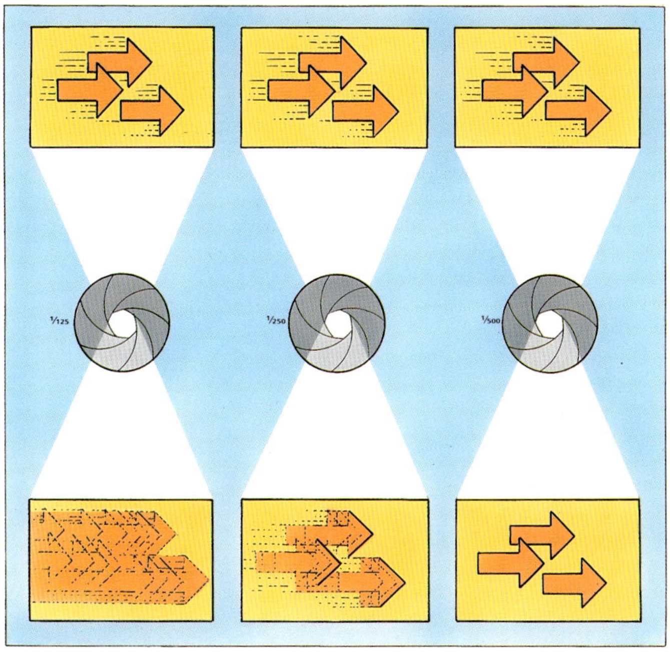

• À GAUCHE En déplaçant l'appareil dans l'axe du mouvement de l'objet et en sélectionnant une vitesse d'obturation au $^{1}/_{60}$ de seconde, l'objet photographié demeure net, mais l'arrière-plan est flou. C'est la technique du panoramique.

• À GAUCHE On a ici utilisé une vitesse de $^{1}/_{250}$ de seconde pour photographier cet oiseau en vol, ce qui fige presque entièrement le mouvement.

LE CHOIX DE LA BONNE EXPOSITION

La plupart des appareils photographiques modernes sont munis d'un posemètre incorporé qui doit en théorie permettre au photographe d'obtenir la bonne exposition à chaque prise de vue. Cependant, dans de nombreuses situations, le posemètre sera induit en erreur par l'intensité générale de l'éclairage, ce qui se provoquera la surexposition ou la sous-exposition de la photographie. La plupart des posemètres prennent en effet une mesure moyenne de l'éclairement sur l'ensemble du cadre. Si vous photographiez un sujet placé devant un mur blanc, l'importance de ces zones claires influencera considérablement la mesure de la lumière. À moins d'effectuer une correction, le sujet sera sous-exposé, voire, dans les cas extrêmes, réduit à une simple silhouette. À l'inverse, si vous placez votre sujet devant un mur noir, le sujet sera surexposé.

LE VERROUILLAGE DE L'EXPOSITION AUTOMATIQUE

Ce problème peut être résolu en utilisant le verrouillage automatique de l'exposition de l'appareil : il s'enclenche lorsqu'on appuie légèrement sur le déclencheur et que l'on conserve le réglage de l'exposition en cours jusqu'à ce que l'obturateur ait été déclenché ou le déclencheur relâché. Ainsi, vous pouvez vous rapprocher du sujet, prendre une mesure exacte de l'éclairage et des tons de la peau, puis revenir au point de vue déterminé au préalable tout en maintenant le doigt appuyé sur le déclencheur.

• CI-DESSUS L'encadrement du diaphragme est une méthode permettant d'obtenir de légères variations d'exposition. Ici, ces trois photographies diffèrent d'un tiers de diaphragme. EN HAUT Selon la mesure du posemètre, le sujet est légèrement sous-exposé. En ouvrant le diaphragme d'un tiers, AU MILIEU, les tons de la peau sont plus naturels. En augmentant encore l'ouverture du diaphragme d'un tiers, les traits du visage sont presque « brûlés ».

LA MESURE SÉLECTIVE DE L'ÉCLAIRAGE

Si votre appareil est muni d'un système de mesure de l'éclairage variable, vous pourrez dans ce cas utiliser la mesure « spot » (ponctuelle), qui détermine la quantité de lumière tombant sur une petite zone au centre du viseur.

L'UTILISATION DU POSEMÈTRE INDÉPENDANT

Il existe deux manières de se servir du posemètre indépendant :

• pour mesurer la lumière réfléchie, dirigez le posemètre vers le sujet et mesurez la lumière réfléchie provenant de ce dernier ;

• pour mesurer la lumière incidente, placez le petit disque ou cône blanc sur la cellule photo-électrique. Certains posemètres sont munis d'un petit volet blanc coulissant sur la cellule. Tenez le posemètre contre le sujet en l'orientant vers l'appareil. Cette méthode donne une mesure plus précise de la lumière tombant sur le sujet.

L'ENCADREMENT DU DIAPHRAGME

L'encadrement du diaphragme est une autre technique permettant d'obtenir une exposition correcte. Imaginons, par exemple, que le posemètre indique une mesure de f8 au $^{1}/125$. En effectuant une prise de vue avec ce diaphragme, puis une autre avec un diaphragme supérieur et une troisième avec un diaphragme inférieur à ce réglage, vous pourrez juger, après le développement, laquelle de ces prises de vue est la mieux exposée.

• CI-DESSUS Le posemètre a effectué une mesure moyenne de l'éclairement. La zone du ciel est très importante et, même par temps couvert, plus lumineuse que d'autres zones de l'image : le sujet est sous-exposé.

• CI-DESSUS À DROITE En mesurant de plus près le sujet, tout en utilisant le verrouillage automatique de l'exposition, on obtient une valeur plus précise des tons de la peau et un cliché de loin plus flatteur.

• À DROITE La mesure ponctuelle donne l'exposition exacte du sujet. Si votre appareil n'est pas pourvu de ce dispositif, vous devrez utiliser le verrouillage de l'exposition ou un posemètre indépendant.

LES PRINCIPES GÉNÉRAUX DE LA COMPOSITION

Les appareils photographiques pourvus d'un posemètre incorporé étant devenus très perfectionnés, on pourrait penser que le photographe, n'ayant plus à s'inquiéter de la technique, dispose de davantage de temps pour se consacrer aux autres aspects de la photographie, notamment à la composition. Ce n'est pourtant pas toujours le cas. Fréquemment des intrusions non souhaitées dans le cadrage perturbent le regard, des arrière-plans hors sujet ou envahissants écrasent le premier plan, et des premiers plans occupent un espace trop important ou sont à peine visibles en raison d'un cadrage défectueux. Toutes ces erreurs peuvent être évitées par la mise en œuvre de principes élémentaires.

• CI-DESSUS Même lorsqu'on découvre par hasard un bon sujet, il sera toujours profitable de tenir compte de la composition générale. Ici, l'échiquier occupe le centre du premier plan, les deux joueurs étant placés de part et d'autre dans une symétrie parfaite. Cette scène exprime une image particulière de la société, surtout en raison de la présence à l'arrière-plan d'un troisième personnage. Bien que cette composition ne soit pas délibérée, les trois personnages et l'échiquier sont devenus autant d'éléments essentiels de l'image.

• CI-DESSUS Ce marchand de fruits secs, qui constitue le centre d'intérêt de l'image, occupe à ce titre le milieu de la composition. N'hésitez pas à placer le sujet bien en vue dans le cadre de l'image. Ici, il est entouré de ses marchandises : le regard est attiré vers lui et découvre progressivement d'autres détails. Cherchez toujours à équilibrer le sujet et son environnement.

• CI-DESSUS Ce cliché très simple possède tous les ingrédients d'une bonne composition. Le premier plan est dégagé et le sentier mène directement du premier plan vers le centre d'intérêt, la maison. Celle-ci est mise en valeur par l'arrière-plan composé de collines qui, sans l'écraser, offrent un contraste intéressant en interrompant l'étendue du ciel uniformément bleu.

À DROITE L'arc situé au premier plan encadre cet intérieur d'église à Moscou ; en se déplaçant de l'un à l'autre, le regard découvre d'autres arcs en l'arrière-plan. Aucun élément ne vient perturber l'harmonie du premier plan et de l'arrière-plan. Cette composition puissante aurait été affaiblie par le choix d'un autre point de vue.

LES TROIS ZONES ESSENTIELLES DE LA COMPOSITION

1 Le centre d'intérêt : après avoir décidé du sujet de la photographie, recherchez sous quel angle la prise de vue devra être effectuée afin d'obtenir l'arrière-plan le plus intéressant.

2 Les distractions ou les intrusions éventuelles : examinez soigneusement le sujet, l'arrière-plan et le premier plan afin de vérifier que l'image ne présente aucun objet superflu ou gênant. Il est très facile de gâcher l'image d'un beau bâtiment avec un panneau de signalisation au premier plan ou un portrait de groupe avec un poteau télégraphique pointant au-dessus de l'une des têtes. Le plus souvent, un objet inopportun pourra être éliminé de la composition en se déplaçant légèrement sur le côté. Il sera également utile d'attendre la fin du passage d'un éventuel véhicule avant d'effectuer la prise de vue.

3 La mise en valeur du premier plan : vous devrez examiner la scène, afin de découvrir si quelque objet pourrait renforcer l'intérêt du premier plan sans détourner l'attention du centre d'intérêt ni l'écraser.

L'UTILISATION DU PREMIER PLAN

Le premier plan peut jouer un rôle important dans la composition générale d'une photographie. Un point d'intérêt situé au premier plan à proximité de l'appareil pourra servir de cadre ou de dispositif dirigeant le regard dans l'image. Ce type d'élément rajouté pourra faire toute la différence entre un cliché médiocre et une photographie intéressante.

UN PREMIER PLAN FAISANT OFFICE DE MASQUE

Judicieusement utilisé, le premier plan peut masquer des objets ou des intrusions indésirables situés au second plan ou à l'arrière-plan de la composition. Le premier plan ne doit pas occuper une place dominante dans l'image, car il détournerait le regard du sujet principal et constituerait une intrusion, au même titre que les détails qu'il est supposé masquer.

LES ÉLÉMENTS DU PREMIER PLAN

Les éléments situés au premier plan d'une composition peuvent renforcer son intérêt, mais leur trop grande régularité risque souvent de provoquer une fastidieuse monotonie : cet écueil, fréquent dans le cas d'une série de photographies prises à partir de points de vue analogues, pourra être facilement évité. Prenez le temps de la réflexion, évaluez les éléments présents dans le cadre et utilisez-les tous pour les mettre en valeur dans la composition finale.

Quand des éléments sont présents au premier plan, la mesure de l'exposition requiert certaines précautions. Vérifiez si, comparés à la partie centrale et à l'arrière-plan de la composition, ceux-ci sont plongés dans l'ombre : ils risquent au tirage de constituer autant de formes sombres, inintéressantes et manquant de détails. Si l'ombre se révèle inévitable, corrigez-la avec un réflecteur ou un flash d'appoint.

Demandez-vous également si vous ne devriez pas surélever l'appareil par rapport aux objets du premier plan. Dans la négative, assurez-vous que ces derniers n'occupent pas une place trop importante dans le cadrage.

• À GAUCHE Cette photographie d'un jardin classique a été améliorée par le cadrage incluant le feuillage des arbres situés à l'extérieur de la grille au premier plan. Cela nous donne l'impression d'observer un « jardin secret ». Si l'appareil avait été placé plus en l'avant, en omettant le premier plan, la photographie aurait été entièrement différente.

LA PERSPECTIVE ET LA CRÉATION D'UN POINT D'INTÉRÊT AU PREMIER PLAN

En jouant de la perspective, vous pourrez donner de l'intérêt au premier plan : les sillons d'un champ labouré s'étendant vers le lointain, par exemple. Un point de vue surbaissé sera le plus efficace dans ce cas. Dans les photographies de paysage, le ciel tend souvent à dominer et à écraser celui-ci. Dans ce cas, l'ajout dans la composition d'un arbre au branches en surplomb permettra de cadrer le haut de l'image et de réduire ainsi l'impact du ciel.

• CI-DESSUS Un premier plan ne doit pas nécessairement être placé exactement au centre de l'image. Cette barque, qui occupe l'angle inférieur droit du cadrage, renforce l'attrait du premier plan. Sa couleur est complémentaire de celle de l'herbe sans créer un contraste trop marqué. Si vous voulez réaliser une série de clichés analogues, cherchez à varier la position du premier plan, afin d'éviter un effet de monotonie.

• CI-DESSUS Les monuments historiques ne sont pas toujours au mieux de leur apparence, comme ici, à Reims, où la cathédrale était couverte d'échafaudages. De plus, le soleil se levait derrière les tours et le temps manquait pour attendre une modification de l'éclairage, il fallut donc trouver un point de vue situé à quelque distance de la façade. En utilisant un téléobjectif de 200 mm et en jouant des arbres du premier plan, on a masqué les échafaudages disgracieux et le contre-jour.

• CI-DESSUS Les lignes puissantes des strates rocheuses s'élançant du premier plan vers la mer, dirigent le regard et créent une composition recherchée. Si la photographie avait été prise à l'extrémité des rochers, le premier plan n'aurait montré qu'une étendue d'eau dépourvue d'intérêt.

L'UTILISATION DE L'ARRIÈRE-PLAN

Comme le premier plan, l'arrière-plan peut être utilisé pour mettre en valeur la composition générale d'une image. En règle générale, l'arrière-plan ne doit pas dominer la photographie ni écraser le sujet, ce qui heurterait le regard et donnerait l'impression d'une composition désordonnée. À l'inverse, un arrière-plan plat et terne pourra nuire à l'intérêt de la photographie. Le téléobjectif réduit la profondeur de l'image, rapprochant l'arrière-plan et le second plan.

Les conditions atmosphériques produisent parfois des effets spectaculaires ; si des nuages noirs s'accumulent dans le ciel, cherchez les rayons de soleil isolés qui peuvent éclairer des zones circonscrites du premier plan et sous-exposez le cliché pour obscurcir encore les zones sombres.

Si vous photographiez un paysage apparemment paisible, vérifiez qu'il n'est pas traversé par une route ou un chemin ; le cas échéant, attendez qu'aucun véhicule ne risque de s'inscrire dans le cadre de l'image et de gâcher votre composition.

• CI-DESSUS À GAUCHE Ce troupeau de vaches forme un arrière-plan presque monochrome. Le chemin qui descend vers le portail équilibre l'image et met en valeur la composition générale, pourtant rien ne détourne le regard de la petite fille. Son anorak et son chapeau rouges contrastent avec le noir et blanc du troupeau, et la juxtaposition de sa petite taille avec la masse des vaches ajoute une note d'humour subtile.

• CI-DESSUS À DROITE Cette torchère de raffinerie située sur une rive du Mississippi, à La Nouvelle-Orléans, anime un arrière-plan plutôt terne. Elle contraste avec la silhouette plus traditionnelle du bateau à aube naviguant au premier plan. Pensez à rechercher des images où l'arrière-plan et le premier plan créent un contraste non seulement visuel mais thématique.

• À DROITE Cette photographie a été réalisée avec la seule lumière provenant d'une petite fenêtre, au 1/8 de seconde, l'appareil étant posé sur le bar. Elle illustre la façon dont un arrière-plan peut offrir une information sur le sujet tout en renforçant l'intérêt et le détail de la composition.

• À GAUCHE Ce pêcheur de saumons transporte une nasse en forme d'entonnoir destinée à attraper le poisson à l'embouchure du fleuve. Les lignes de pieux s'élançant vers l'horizon évoquent la structure de la nasse et soulignent la signification du travail de cet homme.

LES ARRIÈRE-PLANS : QUESTIONS FONDAMENTALES

1 L'arrière-plan est-il trop important ? Risque-t-il de minimiser le sujet de la composition ? Présente-t-il au contraire suffisamment d'intérêt, n'est-il pas trop terne ?

2 L'arrière-plan figurant derrière un personnage est-il significatif de l'environnement ou de la profession du sujet ?

3 Les couleurs de l'arrière-plan sont-elles harmonieuses ou singulières ? Le téléobjectif peut rendre flou l'arrière-plan, créant des formes intéressantes aux couleurs douces.

4 Le ciel apparaît-il à l'arrière-plan ? Cherchez le cas échéant à détailler les formes des nuages, en utilisant par exemple un filtre gris neutre dégradé ou polarisant, ou bien un filtre jaune si vous travaillez en noir et blanc.

LE CHOIX DU POINT DE VUE

Dans bon nombre de clichés, une légère modification du point de vue pourra faire toute la différence. Le point de vue, que l'on peut définir comme étant la position à partir de laquelle est prise une photographie, tient compte du premier plan et de l'arrière-plan ainsi que de tout angle intéressant qui dirigera naturellement le regard vers le centre d'intérêt de l'image. Le choix de différents points de vue peut modifier de manière spectaculaire la force d'une image.

Il n'est pas rare que le professionnel entende dans la bouche des photographes amateurs : « Oui, mais vous, vous avez tout le matériel nécessaire. » En fait, ce sont plus le point de vue choisi et la manière d'utiliser au mieux le premier plan qui créent l'intérêt d'une photo. Il est souvent possible d'intégrer dans un cadrage les détails du premier plan en inclinant davantage l'appareil vers le bas ou en se déplaçant légèrement sur le côté. Ces petites modifications de l'emplacement ou de l'angle de prise de vue peuvent paraître insignifiantes mais font souvent la différence entre un cliché médiocre et une photographie réussie.

• CI-DESSOUS Le choix de l'objectif est un facteur fondamental de la composition de l'image.

• CI-DESSUS ET VIGNETTE Les différences sont minimes entre ces deux photographies du pont de Brooklyn : elles ont été prises à 46 mètres l'une de l'autre et à peu près au même moment. Mais pour réaliser la photographie du haut, l'appareil était plus éloigné de la pile du pont que pour celle du bas : l'image a perdu de sa force en raison d'un cadrage incluant une zone de ciel trop importante.
La photographie du bas est réalisée plus près de la pile du pont et légèrement en contre-plongée. La convergence des verticales est plus importante que si l'angle de l'axe de l'appareil avait été moins prononcé. Les câbles de tension sillonnent la composition et guident le regard. L'effet de symétrie a été renforcé par l'omission des nuages, le graphisme des lignes n'étant pas perturbé par d'autres éléments distrayant le regard.

COMMENT DÉTERMINER FACILEMENT UN CADRAGE

Pour vous aider à choisir un point de vue, formez un rectangle avec le pouce et l'index des deux mains et observez la scène à travers ce « cadre ».

Pour resserrer le « cadre », rapprochez la main droite de la main gauche tout en conservant la forme rectangulaire. Pour créer un effet de « zoom », tendez les bras de façon à supprimer l'arrière-plan et à agrandir les dimensions du sujet par rapport au rectangle.

• CI-DESSUS On renforcera le dynamisme d'une image en plaçant l'appareil à proximité d'un des éléments de la scène choisie. Ici, le photographe a obtenu ce point de vue en se tenant près de la paroi gauche du canyon. Sa masse et ses strates horizontales guident le regard.

• À DROITE
En inclinant l'appareil vers le bas, on a intégré les nénuphars dans cette composition. Ils renforcent l'intérêt du premier plan sans gêner la vue des montagnes et du ciel au lointain. Si l'axe de l'appareil avait été horizontal ou incliné vers le haut, on aurait obtenu une étendue d'eau plutôt terne, à peine égayée par le reflet des nuages.

LA PRISE DE VUE EN LUMIÈRE ARTIFICIELLE

Comme son nom l'indique, le film couleur pour lumière du jour est destiné aux prises de vue en lumière naturelle ou au flash électronique. Si l'on utilise ce type de film à l'intérieur, avec un éclairage électrique, les photographies présenteront une dominante orange, car la température de couleur de la source lumineuse ne s'accorde pas avec l'équilibre des couleurs du film.

LA TEMPÉRATURE DE COULEUR

La température de couleur se mesure en degrés Kelvin (K). Pour obtenir une balance des couleurs correcte avec un film pour lumière du jour dans une lumière artificielle de 3 200 K, il faut utiliser un filtre 80A. Ce filtre de couleur bleue, qui corrige la dominante orange, est cependant très dense : il réduit la quantité de lumière passant dans l'objectif ; pour compenser ce phénomène, il faudra régler la sensibilité à 16 ISO pour un film de 64 ISO. Ces corrections devront être effectuées très soigneusement, car un temps de pose de longue durée est requis. De plus, la plupart des films couleur pour lumière du jour présentent un écart à la loi de réciprocité pour un temps de pose supérieur ou égal à 1 seconde.

En exposant un film couleur pour lumière du jour durant un temps de pose supérieur ou égal à 1 seconde, le film présente un écart à la loi de réciprocité de sorte qu'il est impossible de tenir compte de la sensibilité ISO affichée. Par exemple, pour un temps de pose de 10 secondes, la sensibilité réelle d'un film 100 ISO ne sera que de 25 ISO environ. En raison du caractère imprévisible du film dans ces circonstances, la seule façon d'obtenir la bonne exposition, c'est de procéder à des essais précisément dans ce type de conditions d'éclairage afin de déterminer la sensibilité ISO à afficher sur l'appareil.

L'utilisation de films inversibles couleur pour lumière artificielle et de certains films négatifs couleur pour lumière artificielle permet de résoudre ce problème. Nul besoin de rajouter un filtre pour effectuer des prises de vue dans des conditions d'éclairage où la température de couleur est de 3 200 K, les films type lumière artificielle pouvant en outre supporter des temps de pose bien plus longs que les films type lumière du jour, sans écart à la loi de réciprocité.

Si l'on utilise en lumière artificielle un film négatif couleur pour lumière du jour, la balance des couleurs pourra toujours être corrigée lors du tirage des épreuves. Si l'on utilise un film inversible couleur pour lumière du jour en lumière artificielle et sans filtre 80A, les diapositives devront être contretypées et corrigées lors du tirage. Cette opération onéreuse se traduit en outre par une perte de qualité, quelque soit le soin porté aux contretypes.

• EN HAUT À GAUCHE En utilisant un film couleur pour lumière du jour en lumière artificielle, on obtient une dominante orange. L'emploi d'un filtre 80A permet de corriger cette dominante, EN HAUT À DROITE. L'utilisation d'un film couleur pour lumière artificielle en lumière artificielle ne nécessite pas l'emploi d'un filtre correcteur.

• EN BAS À GAUCHE En utilisant un film couleur pour lumière artificielle en lumière du jour ou avec un flash électronique, on obtient une dominante bleue. Celle-ci sera corrigée par l'emploi d'un filtre 85B, EN BAS À DROITE. L'utilisation d'un film couleur pour lumière du jour en lumière du jour ou avec un flash électronique ne nécessite par l'emploi d'un filtre correcteur.

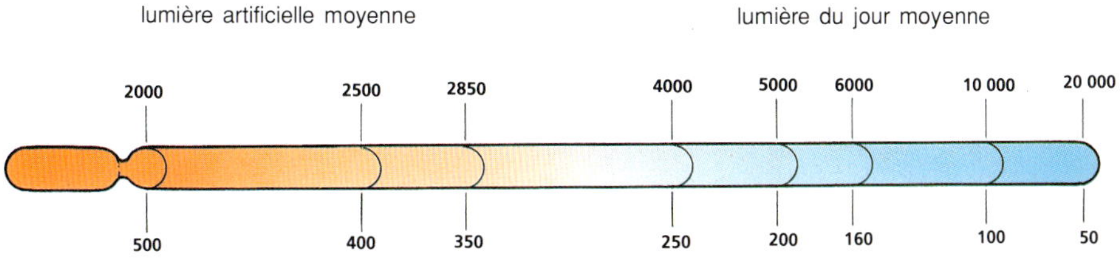

• CI-DESSUS En lumière artificielle, les temps de pose de longue durée sont souvent nécessaires. Cette photographie a requis une exposition de 30 secondes. L'éclairage étant artificiel, on a utilisé un film couleur pour lumière artificielle. Outre le fait qu'ils donnent un rendu des couleurs exact, les films couleur pour lumière artificielle présentent un écart à la loi de réciprocité bien moins important que les films couleur pour lumière du jour.

• À GAUCHE La température de couleur de la lumière est exprimée en degrés Kelvin. La mesure est différente selon le type de lumière, chaude ou froide.

LA PRISE DE VUE EN LUMIÈRE MÉLANGÉE

Il arrive parfois, surtout dans les vues d'intérieur, que l'éclairage provienne de diverses sources lumineuses, chacune présentant une température de couleur différente.

LA LUMIÈRE FLUORESCENTE

La lumière fluorescente est l'une des plus difficiles à équilibrer, car il existe une grande diversité de tubes fluorescents diffusant une lumière allant du blanc chaud au blanc froid. Si, pour l'œil humain, tous ces tubes diffusent une lumière comparable, leurs températures de couleur ne sont en fait pas identiques, ce qui rend très difficile le choix du bon filtre.

LUMIÈRE DU JOUR ET LUMIÈRE ARTIFICIELLE MÉLANGÉES

En présence de deux sources lumineuses de température de couleur différente – éclairage au tungstène et lumière du jour ou lumière fluorescente et lumière du jour – la seule solution véritablement efficace, c'est de choisir l'exposition en fonction de la source la plus puissante. Dans le cas de prises de vue dans une pièce éclairée à la fois par des lampes et par la lumière du jour passant par les fenêtres, une méthode plus complexe consiste à disposer sur les vitres des feuilles de gélatine corrigeant la lumière du jour et équilibrant sa température de couleur avec celle de la lumière artificielle.

Dans les situations de lumières mélangées associant lumière du jour et lumière artificielle, la température de la lumière artificielle peut créer un ton velouté. Si la prise de vue associe lumière du jour, lumière artificielle et flash, l'astuce consiste à équilibrer tous ces éléments en déterminant l'exposition à partir de la lumière du jour tombant des fenêtres. Si la mesure donne par exemple un temps de pose de 1 seconde à f16, réglez la puissance du flash pour obtenir une ouverture à f16. (En travaillant à des vitesses inférieures à celle de la synchronisation du flash, on obtient une exposition correcte, mais pas si l'on opte pour une vitesse plus rapide que celle préconisée.) Réglez la vitesse d'obturation à 1 seconde et prenez le cliché. Avec ce type d'exposition, la lumière artificielle (celle d'une lampe de bureau par exemple) ne se manifestera pas par une dominante colorée.

• CI-DESSUS Dans la photographie EN HAUT, la lumière du jour prédomine : le rendu des couleurs est convenable avec un film type lumière du jour. EN BAS, avec le même film et en cadrant une petite zone du bâtiment plongée dans un éclairage artificiel, on observe une dominante orange.

À GAUCHE Cette photographie réalisée en extérieur et au crépuscule présente diverses sources lumineuses. Toutefois, en raison du champ couvert par le cadre et de ses éléments disparates, elle semble convenablement exposée.

• CI-DESSUS Cette photographie du célèbre rayon d'alimentation du grand magasin Harrods, à Londres, constitue un bel exemple de mélange de lumières. Par manque de temps, il a été impossible de recouvrir tous les tubes fluorescents de gélatines corrigeant la température de couleur de la lumière ; il fallait donc trouver un compromis. Puisque l'éclairage fluorescent ne concernait qu'une zone délimitée de l'image, la mesure de l'exposition a été effectuée pour la lumière au tungstène.

• À L'EXTRÊME GAUCHE La lumière des tubes fluorescents éclairant cette salle de musée crée une dominante verte. À GAUCHE En supprimant cette dominante, le filtre de correction lumière fluorescente-lumière du jour recrée une teinte naturelle.

L'UTILISATION DU FLASH

Offrant une source de lumière supplémentaire, renouvelable, instantanée et parfois d'intensité réglable, le flash est devenu un accessoire aussi banal que l'appareil photographique lui-même. Certains appareils sont munis d'un flash incorporé, d'autres sont utilisés avec un flash indépendant. Les photographes professionnels utilisent des flashes électroniques montés sur pied pour travailler en studio, mais un matériel moins onéreux peut également donner d'excellents résultats.

LE FLASH INCORPORÉ

Si le flash incorporé se révèle très pratique, il présente, comme tout accessoire, certains inconvénients. Il est, le plus souvent, de faible puissance : un sujet situé à plus de 3 mètres sera sous-exposé. L'intensité lumineuse n'en est généralement pas modulable ; tout sujet trop proche sera fortement surexposé. Mais son défaut le plus constant, c'est le phénomène « des yeux rouges », dû au fait que l'axe du flash est proche de celui de l'objectif. Si la personne photographiée regarde vers l'appareil, ses rétines reflètent la lumière du flash, créant la tache rouge qui apparaît au centre de l'œil. La solution consiste à éloigner le flash de l'axe de l'objectif, ce qui est impossible dans le cas d'un flash incorporé ; celui-ci clignote rapidement lorsqu'on appuie sur le bouton du déclencheur : les pupilles du sujet se contractent avant le déclenchement du flash à pleine puissance, réduisant ainsi la surface de rétine réfléchissant la lumière du flash et minimisant ainsi ce phénomène.

LE FLASH INDÉPENDANT

Les flashes indépendants sont en général plus puissants que les flashes incorporés. Reliés au contact de l'appareil photographique ou fixés sur un support spécial et connectés à la prise de synchronisation, ils sont pour la plupart munis d'une tête orientable verticalement, ce qui permet d'éclairer le sujet avec

• EN HAUT À GAUCHE Le flash fixé sur le côté de l'appareil projette une lumière violente qui produit une ombre latérale.

• EN HAUT À DROITE En éloignant davantage le flash de l'appareil, on accentue l'ombre.

• EN BAS À GAUCHE En plaçant un diffuseur sur le flash, on adoucit l'ombre qui demeure cependant visible.

• EN BAS À DROITE En dirigeant le flash vers le plafond, l'ombre latérale a été supprimée, mais une nouvelle ombre apparaît sous le menton.

une lumière réfléchie par le plafond ou tout autre surface claire. Si l'on utilise ce type de flash pour réaliser un portrait, la lumière sera plus douce mais créera parfois des ombres sous les yeux, le nez et le menton, ombres que l'on supprimera avec un flash d'appoint.

LE FLASH D'APPOINT

Le flash d'appoint est positionné sous le flash principal. Lorsque celui-ci est déclenché en mode lumière réfléchie en même temps que le flash d'appoint, 80 % de l'intensité lumineuse est réservée au premier, 20 % au second. Le flash d'appoint supprime l'essentiel des ombres situées sous les yeux, le nez et le menton. L'autre méthode permettant d'adoucir la lumière du flash consiste à la diffuser ; on obtient très simplement une lumière diffuse en disposant un morceau de tissu, un mouchoir par exemple, sur le flash, ou en tenant une feuille de papier calque directement devant le flash.

• EN HAUT À GAUCHE Parfois la lumière du jour n'est pas suffisante, même si le posemètre indique le contraire.

• EN BAS À GAUCHE
Le flash d'appoint permet de résoudre le problème, en donnant au sujet la même valeur d'exposition que celle requise pour l'arrière-plan.

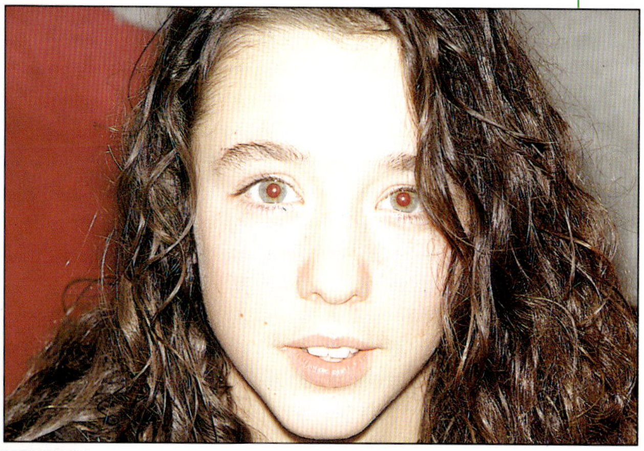

• CI-DESSOUS Quand le flash est situé sur le même axe que l'objectif, le visage du sujet tend à être surexposé et le risque d'« œil rouge » est grand.

• À GAUCHE On obtient une photographie bien meilleure en dirigeant le flash vers une surface réfléchissante et en utilisant un flash d'appoint.

L'UTILISATION DE L'OBJECTIF GRAND-ANGLE

Des objectifs supplémentaires sont probablement les accessoires qui amélioreront le plus vos photographies. Le grand-angle offre une perspective entièrement différente de celle d'un objectif normal ou d'un téléobjectif. Non seulement son angle de vue est plus grand, mais sa profondeur de champ aussi, de sorte que la zone de netteté de l'image est plus importante.

Ce type d'objectif permet de photographier un objet situé à proximité de l'appareil tout en conservant un arrière-plan net. Si l'objet est suffisamment proche, il paraîtra proportionnellement plus grand qu'il ne l'est par rapport au reste de l'image. Les super-grand-angulaires engendrent une distorsion de l'image souvent peu flatteuse pour les personnes photographiées de trop près. Un objectif de 21 mm, par exemple, pointé directement sur le visage du sujet, lui fera un nez énorme, des joues gonflées comme des ballons et des oreilles décalées vers l'arrière du crâne. Cet effet pourra sembler comique de prime abord, mais la nouveauté perdra rapidement de son charme : il sera alors temps d'utiliser plus sérieusement ce type d'objectif.

• CI-DESSUS La force de cette image réside dans le sentiment d'immensité du paysage qu'elle donne. L'importante profondeur de champ crée une impression d'écrasement et de solitude. La ligne discontinue tracée au centre de la chaussée accentue la perspective déjà puissante ; la route semble s'étendre à l'infini.

• À DROITE Ces ailes de moulin à vent photographiées en contre-plongée avec un grand-angle semblent s'élancer vers le ciel. La grande profondeur de champ de cet objectif permet d'obtenir une image entièrement nette, même si l'extrémité inférieure de l'aile est très proche de l'appareil. En travaillant avec un tel objectif, le choix du point de vue devient un facteur essentiel de la composition.

• À GAUCHE Le retrait des eaux du lac dû à la sécheresse a fait apparaître une vieille souche. Ici encore, l'image entière est nette en raison de l'utilisation d'un grand-angle. La souche placée dans un angle du cadrage semble presque vivante, comme si elle se dirigeait vers ce qui reste du lac.

• À DROITE En photographiant des personnages, prenez soin d'éviter toute distorsion peu flatteuse. Ici, les mains et les bras sont déformés par l'objectif, mais dans des limites qui restent acceptables et ne déséquilibrent pas la composition, car le point de vue et l'angle de vue ont été soigneusement choisis. Les bras paraissent allongés et les mains démesurées, mais ils traduisent la nature du travail de ce pêcheur. Son visage se détache sur un fond illustrant son environnement de travail. Les détails de l'arrière-plan détournent l'attention des mains de l'homme : même surdimensionnées, elles ne sont qu'un élément de la composition.

L'UTILISATION DU TÉLÉOBJECTIF

Les téléobjectifs permettent d'obtenir une image rapprochée des objets lointains, mais ils peuvent aussi contribuer à améliorer la composition. En raison de la profondeur de champ réduite qui le caractérise, l'arrière-plan d'un portrait pourra être rendu flou pour mettre en valeur le sujet. À la différence du grand-angle, la vision rapprochée du sujet devient ici très flatteuse, le téléobjectif comprimant légèrement l'image de sorte que les éléments proéminents – nez et oreilles – conservent leurs proportions exactes.

LES RÉGLAGES DE L'EXPOSITION ET DE L'OUVERTURE

En travaillant avec un téléobjectif, plus particulièrement de grande focale, il est nécessaire de procéder à certaines corrections de l'exposition – ce type d'objectif absorbant davantage la lumière en raison de l'effet de loupe. Plus la focale est longue, plus cet effet est accentué. Si les appareils munis d'un posemètre TTL (mesurant la lumière passant à travers l'objectif) donnent une mesure exacte de l'éclairement, les valeurs indiquées par un posemètre indépendant devront être corrigées.

Les téléobjectifs se caractérisent en outre par une ouverture plus petite que les objectifs normaux et les grands-angles : le temps de pose devra être allongé, hormis dans le cas de certains téléobjectifs de dernière génération qui disposent d'une ouverture à f2,8. De tels objectifs étant extrêmement onéreux, rares sont les photographes amateurs qui estimeront leur prix justifié au regard de l'utilisation qu'ils pourront en attendre. Si toutefois un téléobjectif de longue focale et grande ouverture vous est nécessaire pour réaliser une prise de vue particulière, il est plus judicieux d'en louer un.

L'UTILISATION DU TRÉPIED

L'image cadrée par le téléobjectif tend à sortir rapidement du viseur si l'appareil subit un déplacement, même minime ; de plus, un tel objectif requiert un temps de pose plus long ; il sera donc utile, dans ce cas, d'utiliser un trépied ou un monopode. Cet accessoire se révèle quasiment obligatoire avec les focales supérieures à 300 mm, pour obtenir une image nette.

LES CONVERTISSEURS DE FOCALE

Sauf si vous pensez utiliser fréquemment un téléobjectif de très longue focale – un 500 mm par exemple, ce qui justifierait une telle dépense, il est préférable d'envisager l'acquisition d'un convertisseur de focale, un complément optique qui se fixe entre le boîtier de l'appareil et l'objectif. Le doubleur de focale, par exemple, permet d'obtenir une focale de 500 mm avec un téléobjectif de 250 mm. Son prix est avantageux et la qualité de l'image comparable à celle d'un téléobjectif de très longue focale.

• Cette photographie a été réalisée avec un grand-angle de 28 mm : en raison de l'effet d'étirement du cadrage, les cabines téléphoniques semblent très distantes les unes des autres.

• Ici, on a utilisé un téléobjectif de 135 mm. L'effet obtenu semble rapprocher les cabines téléphoniques les unes des autres. La composition ayant été resserrée, la plupart des détails superflus ont disparu.

• À DROITE L'usage d'un téléobjectif de 200 mm a supprimé nombre de détails inintéressants et simplifié l'image en réduisant les distances apparentes entre les immeubles. Une telle composition souligne les contrastes des différents styles architecturaux, de la façade victorienne classique aux gratte-ciel modernes situés à l'arrière-plan.

• CI-DESSOUS Le téléobjectif de 100 mm est l'objectif idéal pour le portrait. Sa faible profondeur de champ, surtout à grande ouverture, permet d'obtenir un arrière-plan flou qui met en valeur le sujet. Dans ce type de prise de vue, il vaut mieux effectuer la mise au point sur les yeux et régler l'exposition sur les tons de la peau.

LES APPAREILS À DÉVELOPPEMENT INSTANTANÉ ET LE POLAROID

Les appareils type Polaroid sont uniques en leur genre, car ils permettent d'obtenir une photographie en quelques minutes. Les clichés, en noir et blanc ou en couleurs, sont développés automatiquement dès leur sortie de l'appareil, le papier étant imprégné de produits chimiques activés par pression. En s'adressant à des laboratoires spécialisés, on peut obtenir des copies par retirage de l'original, mais le prix, comme celui des originaux, en est parfois onéreux.

Les appareils Polaroid sont déclinés en une gamme très diversifiée, du modèle bon marché automatique à ceux pourvus d'objectifs interchangeables, d'un posemètre et d'un flash incorporés. Le milieu de gamme offre l'exposition et la mise au point automatique et un flash incorporé ainsi que divers accessoires, dont un objectif macro. Le film qu'il utilise est fourni avec une pile de rechange pour l'appareil.

LES DOS POLAROID

Outre les appareils Polaroid, on trouve sur le marché des dos Polaroid. Ils se fixent à l'arrière des boîtiers traditionnels. Ces dispositifs permettent au photographe de juger de la composition ainsi que de procéder à d'éventuelles corrections des valeurs d'éclairage et de réglage de l'exposition avant d'effectuer la prise de vue définitive sur un film conventionnel. Classés, les clichés Polaroid peuvent servir d'archives visuelles et techniques d'une prise de vue particulière, et constituer une référence utile pour la réalisation d'une composition comparable.

Certains films adaptés aux dos Polaroid peuvent produire des négatifs qui permettent d'obtenir des tirages de meilleure qualité que les copies par retirage.

Octobre à l'anniversaire de Lucy

La bande

Le premier prix !

Premières teintes d'automne

Signor Serafino dans son restaurant

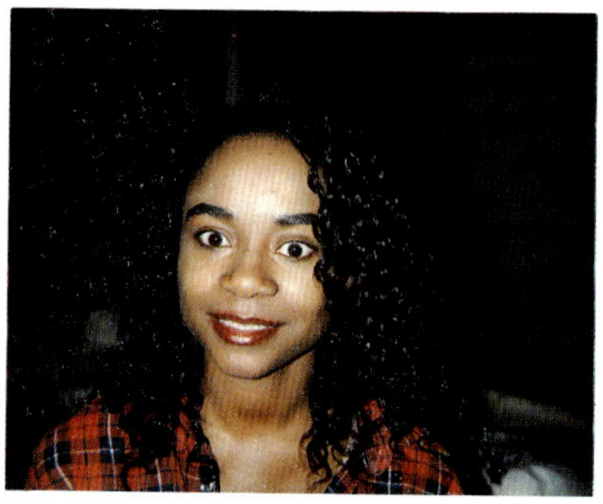

Surprise, surprise !

Une symétrie presque parfaite !

M. Jackson et la classe de chimie

Tigre féroce

Tom et Jim au parc

En attendant l'arrivée des meubles

La fête de Sarah vue du balcon

Dinah pose

Un couple heureux

Un coup de chance – le fond du fronton est assorti au ciel

LE FONCTIONNEMENT DE L'AUTOFOCUS

Nombre d'appareils compacts sont pourvus d'une mise au point automatique incorporée « autofocus ». Ce système émet un rayon infrarouge invisible qui, comme un radar, est réfléchi par le sujet et revient vers l'appareil. Celui-ci analyse l'information et règle la mise au point, par le moyen d'un petit moteur électrique, en fonction de la mesure de la distance du sujet.

Ce système simple nécessite toutefois quelques précautions. Dans le cas des appareils autofocus les plus élémentaires, la zone analysée par la mise au point automatique est située au centre du cadre : c'est sur cette zone que s'effectue la mesure de la distance, même si le sujet est décalé vers un bord du cadre, et donc hors de portée de l'autofocus. Il faudra donc modifier la mise au point en passant manuellement outre au réglage automatique.

Certains des appareils les plus perfectionnés effectuent la mise au point automatique sur une plus grande zone du cadre. Ils émettent trois rayons infrarouges distincts et effectuent un « choix » selon les informations provenant de l'un de ces trois rayons, ou d'une combinaison des trois. Nombre de reflex à objectifs interchangeables disposent aujourd'hui de la mise au point automatique : ils sont également pourvus d'un débrayage manuel de l'autofocus.

1 Bouton du déclencheur – il peut comporter un réglage prédéterminé de la mise au point permettant de débrayer l'autofocus

2 Affichage multifonctions à cristaux liquides et témoins de modes de réglage – affichage des réglages et des modes de fonctionnement, déterminant également le réglage du flash d'appoint et du déclencheur retardateur

3 Flash incorporé – il se charge presque instantanément et peut comporter un système de préflashage « anti-œil rouge »

4 Fenêtre de la mise au point automatique – elle émet un rayon infrarouge déterminant le réglage automatique de la mise au point

5 Fenêtre autofocus – c'est le système de mesure de la quantité de lumière et du déclenchement éventuel du flash ; certains modèles disposent d'une mesure ponctuelle « spot »

6 Indicateur du déclencheur retardateur – le clignotement de la diode s'accélère peu avant le déclenchement

7 Viseur – il donne une image précise du cadrage

8 Objectif – il peut comprendre un système de mise au point automatique et un zoom, offrant divers cadrages et profondeurs de champ

• Ici, puisque le sujet est situé au centre de la photo, son image est nette. L'arrière-plan est flou, car la mise au point automatique s'est faite sur le sujet au premier plan. Il peut être nécessaire de déplacer le sujet pour révéler ou masquer certains éléments de l'arrière-plan.

• Si l'on positionne différemment l'appareil, afin de décaler le sujet vers un côté du cadre, l'arrière-plan est net mais le sujet flou.

• La solution du problème ne présente guère de difficulté. Visez le sujet, puis appuyez doucement sur le déclencheur jusqu'à mi-course, pour bloquer la mise au point automatique sur le sujet situé au premier plan. En maintenant le doigt appuyé sur le déclencheur, modifiez la position de l'appareil afin d'obtenir une composition satisfaisante. Enfin, appuyez à fond sur le déclencheur : le sujet sera net.

• CI-DESSOUS La mise au point automatique est un excellent système, permettant de réaliser des instantanés très spontanés.

LES AVANTAGES
DES APPAREILS AUTOMATIQUES

- La mise au point automatique autorise une prise de vue spontanée sans perte de temps due aux réglages manuels.
- Le flash incorporé offre un éclairage d'appoint toujours disponible.
- L'exposition est déterminée automatiquement, ce qui offre un gain de temps sur les mesures et réglages manuels.
- Le déclencheur retardateur permet de photographier à « mains libres » : le photographe peut même figurer dans la photographie.
- Compact, ce type d'appareil peut être emporté partout.

QUAND TOUT VA MAL

Même si vous avez préparé le plus soigneusement possible vos prises de vue, vous ne serez jamais à l'abri de cruelles déceptions. Ces erreurs sont souvent dues à un moment d'inattention ou, dans les cas les plus graves, à un mauvais fonctionnement de l'appareil ou d'un accessoire.

Ne vous laissez pas décourager par les défauts éventuels de vos photographies : la solution du problème est le plus souvent très simple. Examinez les exemples présentés sur cette double page et comparez-les avec vos propres clichés pour diagnostiquer et corriger vos erreurs.

Un film voilé constitue probablement le défaut le plus courant : le film n'a pas été entièrement rembobiné dans sa cartouche avant l'ouverture de l'appareil, ou que l'appareil n'est plus complètement étanche à la lumière : dans ce cas, adressez-vous à un réparateur spécialisé.

Si le film est vierge au retour du laboratoire, il est vraisemblable qu'il ne s'est pas déroulé entre chaque pose. En chargeant l'appareil, vérifiez toujours que la manivelle de rembobinage tourne quand vous avancez le film d'une pose : sinon, cela signifie qu'il ne se déroule pas.

La surexposition systématique d'un film peut être provoquée par un posemètre défectueux, mais aussi par le choix d'une vitesse erronée ou d'un mauvais réglage de la sensibilité ISO. La non-fermeture du diaphragme lors de la prise de vue constitue une cause plus grave, qui nécessite une réparation.

Les vibrations intempestives de l'appareil provoquent généralement des « effets de flou » quand on travaille à faible vitesse d'obturation sans fixer l'appareil sur un trépied. Si l'appareil est réglé en mode priorité diaphragme et que vous photographiez en lumière faible, une vitesse d'obturation lente sera automatiquement sélectionnée si vous optez pour un petit diaphragme.

• Surexposition au flash. Cause : le capteur déterminant la puissance du flash a été masqué par la main du photographe. Remède : veillez à ne pas obstruer la fenêtre du capteur.

• Lumière parasite et marques sur le film. Cause : après avoir été chargé dans l'appareil, le film n'a pas été avancé de deux ou trois vues. Les marques et le numéro du laboratoire de traitement sont visibles en surimpression. Remède : avancez le film de deux poses avant d'effectuer la première prise de vue.

Cadrage incorrect. Cause : erreur de parallaxe. Dans le cas d'un appareil compact, l'image vue dans le viseur n'est pas exactement la même que celle de l'objectif. Remède : consultez le tableau de correction de parallaxe du manuel du fabricant.

• Sujet flou. Cause : sujet trop proche de l'appareil ou mauvaise utilisation du système de mise au point automatique ; ici, la mise au point a été faite sur le second plan, sur les plantes situées derrière le chat. Remède : appuyez à mi-course sur le déclencheur en visant le sujet principal au premier plan puis recadrez la composition.

• CI-DESSUS Sous-exposition. Cause : le système d'exposition automatique a effectué la mesure sur le ciel et non sur le sujet. Remède : veillez à obtenir la bonne mesure.

• CI-DESSUS Marques sur les tirages. Cause : l'appareil a été ouvert avant que le film soit rembobiné. Remède : rembobinez le film. Rembobinez entièrement le film.

• CI-DESSUS « Yeux rouges ». Cause : l'axe du flash est trop proche de celui de l'objectif. Remède : déplacez le flash sur le côté, ou enclenchez le système « anti-yeuxrouges ».

• CI-DESSUS Arrière-plan surexposé. Cause : le système d'exposition automatique a mesuré la quantité d'éclairement des arbres au premier plan, ce qui a surexposé l'arrière-plan. Remède : assurez-vous que la mesure de l'exposition automatique est effectué sur la zone d'intérêt principale du cadre.

• CI-DESSUS Tirage sombre. Cause : .la housse de l'appareil ou une main masque une partie de l'objectif. Remède : veillez à ne pas masquer l'objectif.

• À GAUCHE Sous-exposition. Causes : le flash n'est pas assez puissant pour éclairer le sujet trop éloigné, les piles sont épuisées ou un doigt masque le flash. Remède : assurez-vous que les piles sont neuves et que le sujet se trouve dans la zone d'éclairement du flash.

• CI-DESSUS Sous-exposition. Cause : le système d'exposition automatique a effectué la mesure sur le ciel et non sur le sujet. Remède : veillez à obtenir la bonne mesure.

• CI-DESSUS Marques sur les tirages. Cause : l'appareil a été ouvert avant que le film soit rembobiné. Remède : rembobinez le film. Rembobinez entièrement le film.

• CI-DESSUS « Yeux rouges ». Cause : l'axe du flash est trop proche de celui de l'objectif. Remède : déplacez le flash sur le côté, ou enclenchez le système « anti-yeuxrouges ».

• CI-DESSUS Arrière-plan surexposé. Cause : le système d'exposition automatique a mesuré la quantité d'éclairement des arbres au premier plan, ce qui a surexposé l'arrière-plan. Remède : assurez-vous que la mesure de l'exposition automatique est effectué sur la zone d'intérêt principale du cadre.

• CI-DESSUS Tirage sombre. Cause : .la housse de l'appareil ou une main masque une partie de l'objectif. Remède : veillez à ne pas masquer l'objectif.

• À GAUCHE Sous-exposition. Causes : le flash n'est pas assez puissant pour éclairer le sujet trop éloigné, les piles sont épuisées ou un doigt masque le flash. Remède : assurez-vous que les piles sont neuves et que le sujet se trouve dans la zone d'éclairement du flash.

La photographie de voyage

INTRODUCTION

Les vacances, plus particulièrement à l'étranger, sont l'occasion pour le photographe confronté à de nouveaux paysages, à un environnement et à des gens inconnus de renouveler sa créativité. L'architecture locale, les fêtes régionales ou nationales, les défilés, offrent également de nombreuses possibilités. Toutefois, s'il est vrai que les voyages lointains suscitent l'inspiration, l'environnement quotidien offre autant d'excellentes occasions de prise de vue.
Le respect de quelques règles élémentaires et le sens de l'observation sont les seules conditions nécessaires pour réaliser d'excellentes photographies – à deux pas de chez soi comme à l'autre bout du monde.

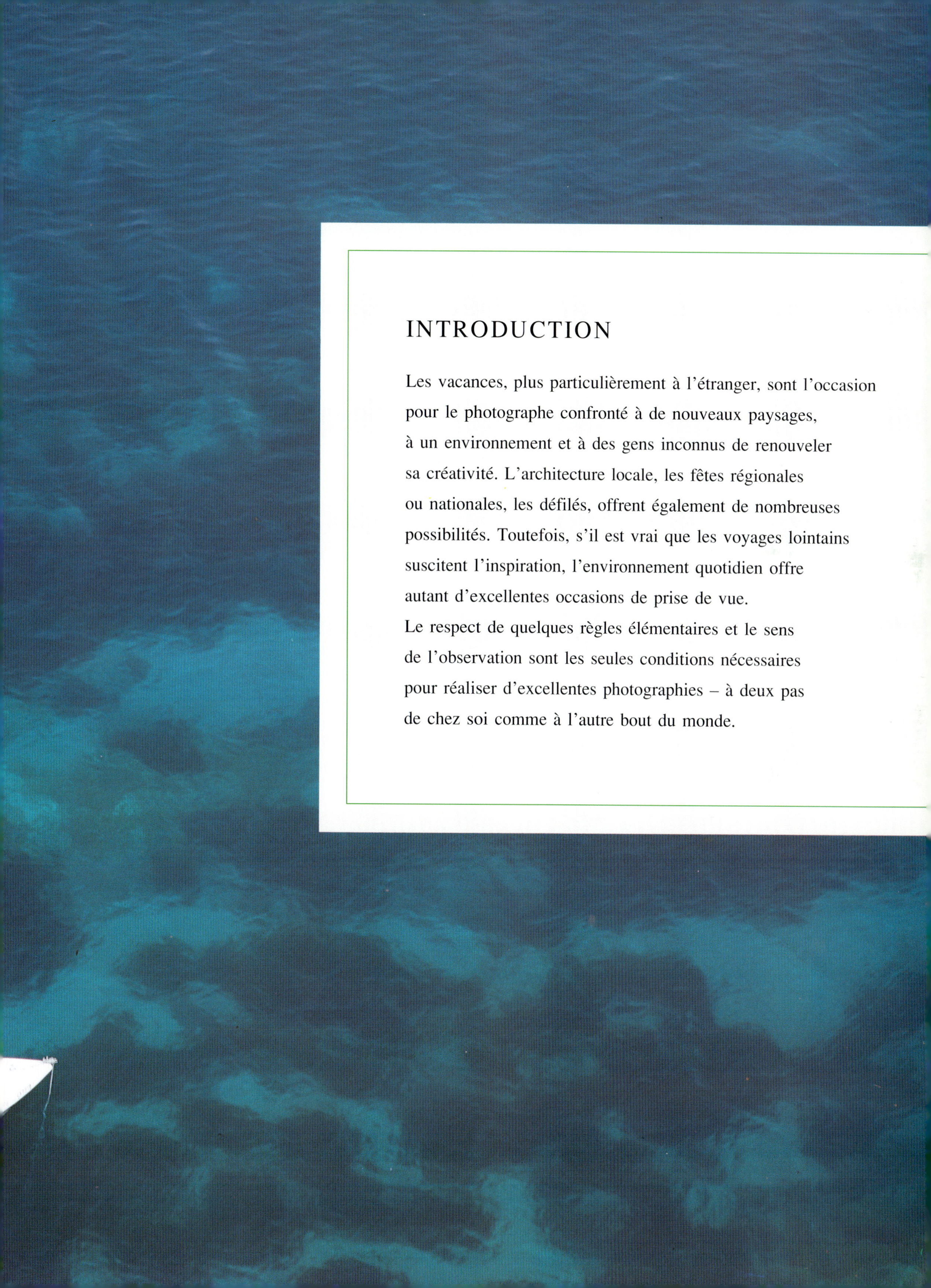

LA PRÉPARATION DU VOYAGE

Avant de partir en voyage, préparez tout le matériel photographique dont vous aurez besoin pour votre périple. Ne vous encombrez pas de l'ensemble de vos objectifs, flash et accessoires : n'emportez que le strict minimum adapté à la plupart des situations.

AIDE-MÉMOIRE

• Depuis combien de temps les piles sont-elles dans l'appareil ? Faut-il les remplacer ? Emportez des piles de rechange : il est parfois difficile de se les procurer dans certains pays. Si votre appareil fonctionne sur batteries rechargeables, emportez le chargeur de batterie, de même qu'un raccord de prise de courant international. Emportez un ou deux zooms qui couvriront la plupart des longueurs focales, pour un gain de place et de poids par rapport à plusieurs objectifs à focale fixe.

• Prenez si possible deux boîtiers qui vous permettront de travailler plus rapidement, vous évitant de changer à chaque fois d'objectif : équipez le premier appareil d'un zoom 28-80 mm et le second d'un zoom 100-300 mm.

• Chargez un appareil avec du film noir et blanc, l'autre avec du film couleur ; ou bien l'un avec un film à haute sensibilité, l'autre à faible sensibilité.

• Achetez avant de partir tous les films dont vous aurez besoin, chez un fournisseur de bonne réputation. Le prix sera probablement moins onéreux et les films en bon état de conservation. Il peut se révéler difficile de se procurer dans certains pays des films non périmés ou stockés dans de bonnes conditions. Si vous craignez que les portiques de détection à rayons X des aéroports n'endommagent vos films, les magasins spécialisés commercialisent des sacs de protection.

• Songez à emporter un ou deux filtres ; le filtre 81A réchauffe légèrement les couleurs ; le filtre polarisant met en valeur le ciel et la mer tout en atténuant ou en supprimant les reflets. Le filtre gris neutre dégradé permet d'équilibrer les zones de l'image requérant des expositions différentes, par exemple un ciel lumineux dominant un paysage sombre. Le filtre jaune, utilisé avec un film noir et blanc, met en valeur la blancheur des nuages.

• Un flash sera utile pour travailler dans des conditions d'éclairage faible ou comme éclairage d'appoint. Vérifiez également que les piles sont neuves et emportez des piles de rechange.

• Un petit réflecteur portable sera un atout, surtout pour la réalisation de portraits.

• Il sera utile d'emporter un trépied, de même qu'un déclencheur souple. Le trépied traditionnel est très volumineux, préférez-lui un monopode.

Cette sacoche de photographe contient l'essentiel : un pied compact mais robuste, divers films couleur et noir et blanc, un boîtier et des objectifs, de même que des filtres et un flash. Vérifiez intégralement tout le matériel avant votre départ et n'oubliez pas des piles de rechange !

• N'oubliez pas les chiffons antistatiques et un pinceau souffleur, surtout si vous vous rendez dans des lieux sablonneux ou poussiéreux. Emballez l'appareil dans un sac en plastique pour le protéger de la poussière et du sable ainsi que des conditions climatiques extrêmes.

Rangez appareils et accessoires dans une sac fourre-tout, voire dans une valise en aluminium si vous voyagez en avion et que vous ne prenez pas votre matériel dans la cabine avec vous.

• Emportez tout le matériel dont vous pourriez avoir besoin en voyage.

LA PHOTOGRAPHIE EN LUMIÈRE FAIBLE

Rien n'empêche de réaliser d'excellentes photographies dans des conditions de lumière faible. Vous obtiendrez même parfois des prises de vue plus spectaculaires que si elles avaient été effectuées sous un soleil éclatant. Un temps brumeux se prête aux photographies d'atmosphère ; le soleil bas sur l'horizon, détermine des couleurs plus chaudes soulignant par exemple le ciel et les nuages. En intérieur, la lumière filtrant par une fenêtre éclaire souvent parfaitement le sujet sans qu'il soit nécessaire de recourir au flash.

Le trépied est un accessoire indispensable à la photographie en lumière faible, car les vitesses d'obturation sont souvent lentes. Mais vous pouvez aussi utiliser un film à haute sensibilité, la contrepartie étant un grain plus prononcé au tirage. Il est vrai que le grain peut contribuer à l'esthétique de l'image, mais c'est un facteur à manipuler avec précaution. L'autre alternative consiste à « pousser » un film de sensibilité normale. Si vous avez chargé dans l'appareil un film 100 ISO, par exemple, réglez l'affichage de la vitesse de l'appareil à 200 ou 400 ISO. Mais n'oubliez pas d'en avertir le laboratoire qui traitera votre film. Le désavantage de cette méthode, c'est que tout le film doit être poussé à la même sensibilité ISO et que l'accroissement du temps de développement se traduit par une perte de détail dans les ombres, un contraste plus important et un grain plus prononcé.

• CI-DESSOUS La lumière de fin d'après-midi donne à cette façade un magnifique rougeoiement. L'inconnu apparaissant à la fenêtre crée une ambiance mystérieuse. Soyez toujours à l'affût de l'inattendu, surtout quand la lumière est faible et que s'amenuise la possibilité de réaliser un bon cliché.

• CI-DESSUS Cette photographie a été réalisée uniquement avec la lumière ambiante provenant d'une fenêtre, avec une vitesse d'obturation de 1/15 de seconde ; celle-ci étant trop lente pour que l'appareil soit tenu à la main, il a fallu poser l'appareil sur une table. En tenant l'appareil à la main, il est quasiment impossible de le stabiliser parfaitement à des vitesses inférieures ou égales au 1/30 de seconde : avec un peu d'imagination, on trouvera toujours un support sur lequel le poser pour éviter les vibrations.

• À DROITE Le soleil couchant a intégralement peint le ciel en rouge ; les nuages soulignent la profondeur de l'espace. Comme le photographe ne possédait pas de trépied, il a posé l'appareil sur un parapet le long du fleuve

• À GAUCHE Des conditions atmosphériques désavantageuses peuvent être utilisées de manière créative. Cette photographie du château de Bodiam, en Grande-Bretagne, a été effectuée au petit matin : la brume se levait et retombait, masquant parfois complètement les murailles. En attendant patiemment le bon instant, on a réalisé une composition baignant dans une lumière éthérée. Le reflet du château dans les eaux dormantes des douves contribue à l'intérêt de la composition.

LES FILTRES FONT LA DIFFÉRENCE

Tous les accessoires de prise de vue peuvent améliorer une photo, mais le moins onéreux et le plus essentiel des accessoires, c'est le filtre. Certains filtres corrigent la dominante colorée du film, d'autres soulignent le ciel ou l'eau. Comme pour n'importe quel accessoire, procédez à des essais avant d'opter pour tel ou tel type de filtre.

LES FILTRES CORRECTEURS

Les couleurs de certaines marques de film présentent systématiquement une dominante bleue ou verte, donnant des photographies plus froides que souhaitées, ou se caractérisent au contraire par une dominante chaude, rouge ou jaune. Pour corriger ces défauts inhérents au film, il existe une vaste gamme de filtres correcteurs de couleur. La plupart des photographes en possèdent un ou deux qui répondent très largement aux besoins les plus courants.

LES FILTRES POLARISANTS

Le filtre polarisant est un accessoire précieux : non seulement il renforce le bleu du ciel et souligne la blancheur des nuages, mais il supprime aussi les reflets inopportuns, comme ceux qui apparaissent sur la vitrine d'un magasin ou sur une surface réfléchissante.

LA CORRECTION DE L'EXPOSITION

Puisque la plupart des filtres réduisent la quantité de lumière traversant l'objectif, il sera souvent nécessaire de procéder à une correction de l'exposition. Dans le cas des appareils pourvus d'un posemètre incorporé, cette correction sera effectuée automatiquement ; pour les appareils à réglage manuel de l'exposition, il faudra impérativement tenir compte de la présence du filtre avant de procéder à la prise de vue définitive. Chaque filtre est caractérisé par un nombre, appelé coefficient de filtre, indiquant la valeur de correction : un coefficient de filtre 1, par exemple, signifie qu'il faut augmenter l'exposition d'un diaphragme.

• EN HAUT À GAUCHE Cette photographie a été réalisée sans filtre. L'image est convenablement exposée, mais une légère dominante bleue la fait paraître froide. Le ciel manque de définition et semble plat.

• EN HAUT À DROITE La dominante bleue est atténuée par l'ajout d'un filtre 81A. L'image est plus chaude et le contraste des différents tons renforcé.

• EN BAS À DROITE Ici, un filtre 81EF supprime entièrement la dominante bleue de l'image. L'herbe et l'arbre sont bien définis, les nuages ainsi que le ciel demeurant consistants.

• EN BAS À L'EXTRÊME DROITE En plus du filtre 81EF, on a utilisé ici un filtre gris neutre dégradé qui permet d'harmoniser entre elles deux zones de luminosité divergentes. Dans le cas présent, la colline et l'arrière-plan requéraient une exposition au 1/125 de seconde à f8, celle du ciel de 1/125 de seconde à f11. Le filtre dégradé compense la luminosité du ciel sans sous-exposer le sol.

• À DROITE Le filtre polarisant utilisé ici assombrit le ciel et accentue la blancheur des nuages. On observera dans le viseur des appareils reflex les modifications apportées par le filtre en le faisant tourner devant l'objectif.

LES PAYSAGES : PRINCIPES GÉNÉRAUX DE COMPOSITION

Les paysages sont généralement parmi les principaux sujets de photographies de voyage. Mais la photographie de paysage demande un soin tout particulier de la composition, pour éviter l'écueil des clichés ternes montrant, par exemple, une trop grande zone de ciel au-dessus d'une mince bande de sol. Une image banale pourra être grandement améliorée simplement en tenant compte des ombres, des couleurs et des détails, facteurs tous essentiels à la réussite de la photographie de paysage.

• À GAUCHE Ce type de plantation de peupliers est commun sur les rives du Pô, au nord de l'Italie. L'alignement des arbres est accentué par l'utilisation d'un objectif grand-angle : les longues rangées d'arbres s'étendant au loin déterminent le point de convergence de la composition. La lumière de fin de journée crée une atmosphère agréable.

CI-DESSUS Quand vous photographiez un paysage, réfléchissez soigneusement au choix de l'objectif : c'est l'un des facteurs essentiels pour la réussite de la composition. Ici, avec un téléobjectif de 200 mm, on a supprimé le ciel. Le regard est attiré par le premier plan de roche rosâtre qu'accentuent les coloris grisés du canyon à l'arrière-plan. En tassant l'espace, le téléobjectif souligne davantage encore le premier plan où les arbres, qui semblent autant de buissons minuscules, donnent une indication de l'échelle.

• À GAUCHE ET CI-DESSOUS Ces deux photographies réalisées l'une après l'autre présentent de notables différences de composition. Dans celle du bas, cadrée en hauteur, la route et l'arbre s'équilibrent, attirant le regard vers le centre de l'image. L'arbre aux formes audacieuses domine la composition et la route étroite qui mène vers lui suscite la curiosité : qu'y a-t-il au-delà ? Dans la photographie cadrée en largeur, l'arbre semble perdre de son importance et les champs de part et d'autre de la route affaiblissent la composition. Cet exemple montre que de légères modifications de cadrage peuvent se traduire par des différences considérables en termes de composition.

LE CHOIX DU CADRAGE D'UN PAYSAGE

- Déplacez légèrement l'appareil sur le côté, pour rejeter hors du cadrage tout élément inopportun ou inclure au contraire un point d'intérêt.

- Passez du cadrage en largeur au cadrage en hauteur : parfois une toute petite modification du cadrage, même sans que le photographe se déplace, peut modifier la composition de façon spectaculaire.

- Essayez d'isoler une portion du second plan à partir d'un autre élément de l'image, pour mettre en valeur les échelles respectives : par exemple, faire ressortir un champ aux couleurs vives par rapport aux pâturages environnants.

- Soyez attentif à l'emplacement des arbres : un arbre ou un bosquet isolés peuvent guider le regard. Les sillons d'un labour ou les méandres d'un cours d'eau auront le même effet.

- Un objet situé dans un angle du cadrage renforce la composition : veillez cependant, dans le cas d'une succession de photographies analogues, à ne pas opter systématiquement pour le même angle de prise de vue, afin d'éviter toute répétition lassante.

Souvent, le point de vue paraissant le plus spectaculaire à l'œil nu l'est bien moins en photographie. Ce n'est pas nécessairement dû à une erreur technique : il peut s'agir simplement d'un mauvais choix du point de vue. Quand nous regardons une scène, l'œil effectue un choix et supprime les détails inintéressants. L'appareil photographique enregistre au contraire tout ce qui se trouve devant l'objectif.

Le plus souvent, un déplacement minime de l'axe de l'appareil pourra métamorphoser la composition. Le point de vue choisi sera probablement le bon, mais peut-être sera-t-il nécessaire d'incliner l'axe de l'appareil vers le bas ou vers le haut, en plongée ou en contre-plongée : montez sur une marche d'escalier ou accroupissez-vous. Cela vaut la peine d'explorer les différentes possibilités de point de vue. Si, après avoir pris la photographie, vous en découvrez un meilleur en vous éloignant, n'hésitez pas à refaire un cliché car, après tout, le film est l'élément le moins onéreux du matériel photographique. Il est possible que plus jamais vous ne reveniez dans cet endroit, ou que la lumière ne soit plus jamais la même – n'ayez donc aucun scrupule à réaliser deux ou trois prises de vue supplémentaires de la scène.

L'ERREUR DE PARALLAXE

L'une des causes de déception les plus courantes, c'est l'erreur de parallaxe. Sur les boîtiers dotés d'un viseur indépendant de l'objectif – c'est-à-dire la plupart des appareils autres que les reflex – le cadrage délimité par le viseur n'est pas exactement le même que celui enregistré par l'objectif. Cette différence demeure imperceptible dans le cas d'un objet éloigné ou d'un paysage, mais plus le sujet est proche de l'appareil, plus l'erreur de parallaxe croît. Si le paysage photographié se compose d'un premier plan, vous devrez probablement tenir compte de la parallaxe. Sinon, tel détail vu dans le viseur risque de ne pas apparaître dans la photographie finale, et réciproquement.

• CI-DESSOUS À GAUCHE ET À DROITE
D'après l'aspect de l'arrière-plan, de la falaise et des habitations, on constate que ces deux photographies ont été réalisées quasiment du même endroit. Les premiers plans sont cependant très différents. Cet exemple illustre l'effet que peut avoir sur l'image définitive une légère modification du point de vue. Bien que ces compositions soient toutes deux intéressantes, celle DE GAUCHE est mieux orientée par rapport au soleil.

• À DROITE Un point de vue central, pris du haut d'un pont dominant une voie ferrée et un canal détermine une composition intéressante. En optant pour une vitesse relativement lente 1/60 de seconde, le train est flou, ce qui donne une impression de mouvement et de vitesse. Par contraste, le calme et la tranquillité du canal rappellent un mode de transport d'autrefois, plus lent. Le choix du point de vue a grandement contribué à évoquer la juxtaposition de ces deux mondes.

• CI-DESSOUS Cette prise de vue effectuée à partir d'un point plus élevé sur la berge du lac a permis de rendre parfaitement visible le pavillon situé à l'arrière-plan. Si l'on avait choisi un point de vue plus proche de l'eau, le pont aurait masqué le pavillon, gâchant ainsi la composition.

LES PAYSAGES : LES CONDITIONS ATMOSPHÉRIQUES

Pour la photographie, les conditions atmosphériques parfaites n'existent pas. Bien sûr, on rencontrera quelques difficultés à photographier des personnages sur une plage par une pluie battante, mais un temps peu clément offrira souvent l'occasion de réaliser des clichés aussi originaux que spectaculaires. Utilisé à bon escient, un ciel couvert révélera davantage de l'environnement qu'un soleil éclatant dans un ciel bleu. La pluie évoque l'isolement et l'orage. Un temps hivernal et des espaces enneigés donnent des images lumineuses et détaillées, surtout quand le soleil brille, quand des ombres précises se découpent sur la blancheur de la neige – effet que l'on n'obtiendra pas par temps couvert.

Il sera important de déterminer à l'avance l'ensoleillement et la direction de la lumière : sur une carte, essayez de prévoir les zones éclairées par le soleil levant, au zénith ou au couchant. Choisissez l'heure et le lieu de vos photos, pour obtenir la meilleure lumière, plus particulièrement si des conditions atmosphériques inhabituelles produisent de spectaculaires formations nuageuses.

LA PROTECTION DE L'APPAREIL DANS LES CONDITIONS ATMOSPHÉRIQUES EXTRÊMES

Par temps très froid, l'obturateur de l'appareil risque de geler. La chaleur extrême peut endommager définitivement le film : conservez ce dernier, emballé dans une feuille d'aluminium, dans une petite glacière. Un grand parasoleil peut contribuer à protéger l'objectif de la pluie : faites cependant attention au vignetage de l'image (obscurcissement des angles du cadre). Ne vous laissez pas intimider par de mauvaises conditions atmosphériques, la photographie doit primer avant tout !

• À GAUCHE La brume et le brouillard ne doivent pas vous dissuader de faire des photos. Cette image quasi monochrome a quelque chose d'inquiétant et de sinistre, comme si le bateau dérivait ou avait été abandonné. Les photographies réalisées par temps voilé revêtent souvent un caractère énigmatique.

• CI-DESSUS ET À DROITE La neige donne de magnifiques clichés. Prenez soin de ne pas les sous-exposer ; la lumière réfléchie est parfois si intense que le posemètre interprète l'éclairement comme plus intense qu'il ne l'est en réalité. Essayez de photographier le même paysage enneigé sous différentes lumières. Ici, le soleil éclatant, À DROITE, a indubitablement permis d'obtenir une meilleure composition.

• CI-DESSUS Même sous une pluie battante, on peut faire de spectaculaires photographies. Cet orage sur l'Atlantique évoque le froid et l'isolement. Le choix d'une vitesse d'obturation lente accentuera la pluie.

• À GAUCHE Les nuages lourds suspendus au-dessus de ces concrétions calcaires illustrent parfaitement l'effet que peut créer un temps couvert. Cette belle photographie est en outre instructive, les nuages dominant des roches érodées par la pluie au fil des siècles.

• À GAUCHE Essayez de prévoir à l'avance la position du soleil à l'instant de la prise de vue. Vous pourrez ainsi pleinement profiter d'une chaude lumière de fin de journée, comme ici, où le soleil souligne la forme des nuages. Réalisée plus tôt dans la journée, la même photographie n'aurait pas présenté cette intensité, cette chaleur ni cette atmosphère.

La position apparente du soleil varie au fil de la journée. En termes de photographie, ce n'est pas seulement un mouvement d'est en ouest : chaque variation de la position du soleil dans le ciel détermine une lumière différente. En début de matinée et en fin de journée, le soleil est bas sur l'horizon : les ombres sont aussi longues que spectaculaires, davantage encore en hiver quand le soleil est plus bas sur l'horizon. À midi, le soleil est à son zénith : les ombres sont les plus courtes. Dans certains cas, cela se traduira par des photographies sans relief ni éléments distinctifs ; certaines précautions doivent être prises à cette heure de la journée.

Le second facteur important, c'est que la lumière du soleil présente des tons plus chauds en début de matinée et en fin de journée qu'à midi, les photographies réalisées à ces heures étant plus rouges ou orangées que celles prises en milieu de journée. Il peut valoir la peine de se réveiller avant le lever du soleil afin d'être prêt à photographier aux premières lueurs de l'aube, si l'on connaît au préalable la position du soleil et le paysage qu'il éclaire selon l'époque de l'année. Les premiers et derniers rayons du soleil peuvent illuminer à la manière d'un projecteur géant une zone particulière du paysage.

• CI-DESSUS À GAUCHE Cette prise de vue a été réalisée en milieu de matinée, le soleil présentant encore un angle suffisant pour créer des ombres détaillées. Des nuages bien définis entrecoupent le ciel qui, sinon, aurait été plutôt terne : toutes les zones de la photographie ont la même netteté.

• CI-DESSUS À DROITE En début de soirée, le soleil était très bas sur l'horizon, ayant à peine commencé à teindre les nuages en rouge et à assombrir le sable doré. Le choix d'une grande ouverture a permis une vitesse d'obturation rapide qui a saisi les vagues se brisant doucement sur la grève.

• À DROITE ET EN BAS À DROITE Ces deux photographies ont été réalisées à partir du même point de vue, celle DU BAS après le coucher du soleil : le ciel baigne dans une spectaculaire lumière rouge orangée. Par contraste, sur le cliché effectué le matin, À DROITE, le soleil situé derrière l'appareil crée une lumière bien plus froide. Un filtre polarisant a été utilisé pour accentuer la couleur de la mer.

• À GAUCHE Dans cette photographie exécutée peu de temps après le lever du soleil, la lumière très chaude projette des reflets dorés sur la Tamise. La brume du petit matin, qui diffuse l'éclat du soleil, crée une atmosphère de paix. Quelques études au préalable, ont permis de déterminer précisément l'heure au cours de laquelle le soleil apparaîtrait entre la coupole de la cathédrale Saint-Paul et la tour de la National Westminster Bank. Si la photographie avait été réalisée deux mois plus tôt, le soleil se serait montré à la droite de la tour ; quatre mois plus tard, il se serait levé à gauche de la coupole.

LES PAYSAGES AVEC PERSONNAGES

La photographie de paysage est souvent améliorée par la présence de personnages. Cette technique associant sujets humains et paysages permet d'illustrer l'activité caractéristique d'une région, ou de montrer l'environnement dans lequel vit le sujet ou duquel il tire ses ressources. Les personnages contribuent également à donner l'échelle d'un élément du paysage – la masse d'un rocher ou la hauteur d'un arbre, par exemple. Un personnage isolé au sein d'un paysage constitue une manière efficace de montrer le caractère désolé ou solitaire d'une région. Par temps couvert, la présence d'un être humain peut animer un décor terne. Si la personne photographiée est en train de travailler, laissez-la continuer la tâche entreprise et assurez-la qu'elle est la bienvenue : à la vue d'un appareil photographique, beaucoup de personnes pensent qu'elles gênent le photographe et cherchent à s'éloigner.

Si vous effectuez une randonnée avec des amis, par exemple, vos clichés seront meilleurs s'ils montrent vos compagnons avancer sur le sentier vers l'appareil situé plus en altitude par rapport à eux ; veillez à ce que votre ombre n'apparaisse pas dans la photographie. En début de matinée et en fin de journée, les ombres sont allongées et bien définies. Si des personnes apparaissent au premier plan, faites en sorte qu'elles ne masquent pas un point d'intérêt important au second ou à l'arrière-plan. Au contraire, si l'arrière-plan présente un élément disgracieux, il peut être dissimulé par la présence d'un personnage dans le cadrage.

• CI-DESSUS Le personnage inclus dans le cadrage donne l'échelle du paysage. Sans lui, il eût été impossible de se figurer la hauteur de la cascade ; la composition eût été en outre entièrement différente, car il constitue un point d'intérêt, une juxtaposition intrigante aux éléments naturels de l'image.

• À DROITE Ce berger, au premier plan, indique l'éloignement de son village, tout en détournant le regard du ciel couvert. Les gens sont souvent ravis de figurer dans une photographie : n'hésitez pas à leur demander de poser.

• À GAUCHE Dans cette photographie réalisée en début de matinée, les tons chauds de la lumière du soleil soulignent les traits du visage de l'homme ; la falaise située à l'arrière-plan crée une toile de fond intéressante tout en suggérant le lieu. Attention ! ce type de lumière, brutal, ne convient pas à tous les visages : il peut être nécessaire d'attendre que le soleil atteigne une autre position, ou de placer le sujet dans une zone plus ombragée.

• CI-DESSOUS Cette prise de vue a été réalisée en hiver ; les personnages se tenant au bord de l'eau accentuent la solitude de la plage à cette époque de l'année, alors que par contraste le soleil couchant baigne le ciel et le paysage environnant dans sa chaude lumière.

LES PAYSAGES EN NOIR ET BLANC

Souvent, la photographie en noir et blanc d'un paysage de terre ou de mer est plus évocatrice et spectaculaire qu'une prise de vue en couleurs.

N'oubliez pas qu'en l'absence de filtre, certains détails, dans un ciel nuageux par exemple, pourront sembler plats et grisés. Pour obtenir des nuages blancs aux belles formes arrondies contrastant avec le ciel, travaillez avec un filtre jaune. Pour accentuer cet effet, utilisez un filtre rouge qui assombrit exagérément le ciel.

Si le négatif est suffisamment détaillé, le ciel peut être « poussé » lors du tirage, par le masquage partiel de certaines zones de l'image sous l'agrandisseur, afin de les surexposer ou de les sous-exposer par rapport aux autres éléments de la composition.

Un autre avantage du noir et blanc, c'est que le papier de tirage est disponible en divers grades de contraste : du doux ou grade 1 à l'extra-dur ou grade 5. C'est toute l'atmosphère d'une composition qui peut ainsi être modifiée par le simple choix du papier.

En termes de photographie couleur, on distingue le contraste des couleurs du contraste des tons. L'essence même de la photographie noir et blanc, c'est sa gamme des tons, ce qui ne signifie pas qu'une composition devra obligatoirement présenter des blancs et des noirs situés aux deux extrêmes de la gamme des tons. Ce type de tirage très contrasté peut être intéressant, mais la richesse d'une photographie noir et blanc réside essentiellement dans la subtilité des dégradés de tons. Un film à grain fin, de sensibilité inférieure ou égale à 100 ISO, donne des ombres plus détaillées qu'un film plus sensible, et autorise le tirage d'agrandissements de format plus important.

Pour vous convaincre de la qualité de la photographie de paysages en noir et blanc, examinez les œuvres du photographe américain Ansel Adams dont les études se caractérisent par des tons puissamment contrastés.

• CI-DESSUS En conservant dans le cadrage les toits du premier plan, on a accru l'impression de profondeur de cette photographie. L'usage d'un téléobjectif moyen, de 150 mm, a légèrement comprimé l'image, rapprochant la ville située au-delà de la rivière.

• À GAUCHE EN HAUT Ce tirage présente une large gamme des tons. La photographie a été exécutée avec un objectif grand-angle et en contre-plongée, pour accentuer la texture des rochers du premier plan. L'utilisation d'un filtre gris neutre dégradé a permis de conserver les détails du ciel, cette zone ayant été en outre « poussée » lors du développement.

• À GAUCHE EN BAS Dans cette image aux tons clairs, la dune semble presque tangible. En privilégiant les tons les plus clairs, on a accentué la douceur du sable et conféré à l'image son caractère paisible. En travaillant dans ce type de situation, veillez à ce que le sable ne pénètre pas dans le matériel.

• À GAUCHE Comme l'illustre ce cliché, l'utilisation d'un filtre peut créer des effets spectaculaires dans le cas des photographies noir et blanc. Le filtre rouge a considérablement assombri le ciel ; l'usage d'un filtre jaune, moins contrasté, aurait néanmoins conservé les détails des nuages blancs.

On apportera un soin tout particulier aux photographies de mer car, en raison de l'intensité des reflets, les indications données par le posemètre sont souvent erronées, faisant paraître la scène plus lumineuse qu'elle ne l'est en réalité. Ce phénomène peut provoquer de décevantes sous-expositions. Pour surmonter ce problème, effectuez la mesure de la luminosité en gros plan sur un détail de ton intermédiaire.

Si votre appareil est pourvu d'un système d'exposition automatique non débrayable, déterminez d'abord la composition puis visez un détail de ton intermédiaire, tel qu'un rocher gris. Appuyez sur le déclencheur jusqu'à mi-course, pour actionner le posemètre : l'appareil enregistrera la mesure. En conservant le posemètre à demi enclenché, recadrez de nouveau la scène comme désiré ; enfin, appuyez à fond sur le déclencheur pour effectuer la prise de vue. Si vous souhaitez réaliser une photographie analogue à partir d'un autre point de vue, vous devrez répéter l'opération.

La bague du déclencheur de certains appareils à contrôle automatique de l'exposition présente une position de blocage permettant d'effectuer ce type de mesures : son action est analogue à celle de l'enclenchement à mi-course du déclencheur.

• À GAUCHE Le mouvement de ressac sur la Chaussée des Géants, en Irlande du Nord, est accentué par le choix d'une vitesse d'obturation lente : les roches hexagonales qui caractérisent cet endroit semblent véritablement battues par les vagues. Une chaude lumière de fin d'après-midi baigne les rochers dont les formes étranges sont accentuées par les ombres puissantes.

• CI-DESSOUS Cette photographie a été réalisée à l'approche d'un ouragan : lorsque le vent souffle en tempête, il est nécessaire de stabiliser l'appareil, le cas échéant sur un rocher ou un muret si l'on ne dispose pas d'un pied. Même à une vitesse d'obturation relativement élevée, au 125 de seconde par exemple, les vibrations de l'appareil sont telles que l'image finale risque d'être floue.

• CI-DESSUS Quand vous photographiez un paysage de mer, recherchez systématiquement un point d'intérêt. Cette curieuse balise de laisse de haute mer attire le regard au premier plan tandis que les couleurs éclatantes de la planche à voile équilibrent la composition sans dominer la scène. Imaginez la même image sans ces deux éléments : serait-elle aussi intéressante ?

• CI-DESSOUS L'adjonction d'un filtre polarisant a rendu la mer transparente. Si vous travaillez avec un compact, faites tourner le filtre polarisant entre vos doigts tout en regardant dans le viseur jusqu'à obtention de l'effet souhaité.

LES ACCESSOIRES INDISPENSABLES AUX PRISES DE VUE MARINES

1 Le parasoleil : celui-ci devrait être fixé en permanence sur l'objectif, que l'on soit ou non au bord de la mer, mais il est plus particulièrement recommandé dans ce cas, pour éviter que des reflets ne provoquent l'apparition de lumières parasites dans l'objectif.

2 Le filtre polarisant : il intensifie les teintes bleues du ciel et souligne la blancheur des nuages. Ce filtre atténue également les reflets à la surface de l'eau.

LES COURS D'EAU

Les lacs, rivières, ruisseaux et autres canaux offrent l'occasion de réaliser des photographies très différentes des bords de mer et des régions côtières. Le reflet à la surface de l'eau ajoute une dimension supplémentaire à la composition en reproduisant une scène déjà souvent spectaculaire.

La photographie de vastes étendues d'eau pose le même problème en termes de mesure de l'exposition que celle des photos de mer : le posemètre risque d'indiquer une lumière plus intense qu'elle ne l'est en réalité, en raison des reflets créés à la surface de l'eau. Il faudra dans ce cas également procéder à une correction de la mesure de l'exposition pour éviter toute sous-exposition.

Choisissez très soigneusement votre point de vue : veillez à ce que la surface de l'eau, plus particulièrement des rivières et des canaux, ne soit pas polluée par des effluents d'usine, des déchets ou des débris, à moins que vous ne souhaitiez montrer précisément ce genre de détails.

• À GAUCHE Très tôt le matin, la surface de l'eau est souvent lisse comme un miroir : la présence d'un unique nuage dans la composition donne de la profondeur, tout en offrant un point d'intérêt supplémentaire qui attire le regard à la fois vers le haut et vers le bas.

• À DROITE Il n'est pas toujours aisé de déterminer les couleurs et les détails de la composition d'une prise de vue sur un cours d'eau. Ici, les péniches constituent autant de touches de couleurs éclatantes dans ce qui serait, sinon, une étendue d'eau plutôt inintéressante. Les arbres, qui masquent les habitations, forment le cadre de l'image.

• À GAUCHE Cette photographie a été réalisée à partir d'un rocher situé à peu de distance de la rive. L'exposition a été déterminée à la fois pour offrir une profondeur de champ maximale et la vitesse d'obturation la plus lente possible. Aussi, le rocher du premier plan est parfaitement net, tandis que le flou de l'eau évoque l'écoulement de la rivière.

• CI-DESSOUS Le choix du point de vue est toujours essentiel en ce qui concerne les photographies d'eau, plus particulièrement lorsqu'elles comportent des reflets. Ici, le reflet spectaculaire de la montagne est altéré par les plantes aquatiques : vérifiez systématiquement qu'aucun élément inopportun ne vienne gâcher l'image finale.

PHOTOGRAPHIER L'EAU DORMANTE

C'est le plus souvent très tôt le matin, quand le vent ne s'est pas encore levé, que les eaux d'un lac sont les plus calmes. Si aucune ride ne vient en troubler la surface, le paysage environnant qui s'y reflète peut être spectaculaire. En cadrant la photo en hauteur, et non en largeur, on découvrira au premier plan une étonnante image abstraite ; maints effets inhabituels, voire amusants, seront obtenus de la sorte, en testant différents angles de prise de vue.

LE CIEL

Selon l'époque de l'année, la lumière changeante, les conditions atmosphériques, les formations nuageuses et les variations saisonnières offrent d'innombrables possibilités en matière de photographie du ciel. Bien que le coucher du soleil soit le sujet favori de nombreux photographes, toutes les photographies de ciel ne seront pas nécessairement exécutées au crépuscule : de fait, il est possible de réaliser de superbes clichés à toute heure de la journée.

Dans ce type de photographie, il est essentiel de déterminer avec précision l'exposition afin que les détails importants, comme les nuages, soient convenablement reproduits. L'usage du filtre polarisant assombrit le ciel tout en conservant les détails d'un ciel bleu ponctué de nuages blancs. Un filtre gris neutre dégradé pourra créer un effet analogue, voire très spectaculaire s'il est utilisé avec un filtre polarisant. On pourra en outre ajouter un filtre couleur dégradé, tel un filtre de coloris tabac qui teint le ciel en sépia sans modifier la couleur naturelle du sol.

Si vous photographiez une région que vous connaissez bien, essayez d'être sur place tôt le matin pour bénéficier des changements de lumière et de leurs effets sur le ciel.

Quant aux photographies de coucher de soleil, apprêtez-vous à travailler rapidement car le soleil disparaît rapidement derrière l'horizon. Observez également les variations de couleur du ciel, celles-ci peuvent s'intensifier considérablement dès le coucher du soleil – de même que les jeux de lumière sur les nuages.
Un nimbe de lumière reflété sur les nuages sera plus spectaculaire qu'un ciel vide. À cette heure de la journée, le temps d'exposition requis est assez long : le trépied est un accessoire indispensable, et le déclencheur souple est conseillé.

• CI-DESSOUS Ce reflet presque parfait du ciel à la surface de la mer est dû à l'absence de vagues. Faites attention à ce qu'aucun objet ou détritus disgracieux ne flotte au premier plan.

• CI-DESSUS Cette photographie a été exécutée immédiatement avant que le soleil disparaisse derrière l'horizon, baignant les rares nuages d'une lueur dorée. À cette heure de la journée, le trépied est nécessaire, car le temps de pose nécessaire est long.

REFLETS DE CIEL

Le ciel se reflétant dans l'eau constitue un excellent sujet. Essayez de photographier l'eau par temps calme, sans un souffle de vent, pour obtenir une image en miroir parfaite, ou bien isolez une petite zone d'eau, flaque ou étang, pour créer un premier plan intéressant.

• À GAUCHE Avec un filtre gris neutre dégradé de densité moyenne, on a conservé tous les détails des nuages.

• À DROITE Cette prise de vue a été réalisée peu avant le coucher du soleil. La flaque d'eau du premier plan guide le regard vers le ciel et renforce la composition. Les reflets en contre-jour sur les rides du sable humide rajoutent une texture. Dans une situation de ce type, observez soigneusement toutes les surfaces réfléchissantes à partir de différents emplacements pour obtenir le meilleur point de vue.

LES REFLETS

Les images réfléchies par un immeuble, par l'eau ou une surface vitrée, peuvent créer des compositions insolites, parfois abstraites, et très intéressantes en tant que telles. Vitrines de magasin, carrosseries d'automobiles ou façades d'immeubles modernes constituent autant d'occasions de photographies, pour peu qu'on les observe attentivement. Examinez les matériaux de construction d'un bâtiment : les divers types de verre utilisés, par exemple, détermineront autant de reflets différents. Les carreaux d'une fenêtre ancienne multiplieront les reflets ; grâce aux nombreux angles d'un bâtiment moderne à façade vitrée, l'image photographiée pourra se refléter sur elle-même. Tout en mettant en valeur l'architecture moderne, ce type de photo propose une énigme visuelle. En faisant tirer plusieurs épreuves de la même photographie, la moitié à l'envers, puis en les assemblant sous forme de montage, on obtiendra d'intéressantes compositions avec des possibilités créatives innombrables, en noir et blanc comme en couleur.

La pluie et les flaques d'eau offrent autant d'occasions de reflets intéressants ; une route mouillée peut également constituer une puissante surface réfléchissante, mais faites attention aux lumières parasites.

• À DROITE On créera des images très originales d'immeubles célèbres en les photographiant par l'intermédiaire de surfaces réfléchissantes. Recherchez des bâtiments modernes dont les façades vitrées reflètent de manière originale, selon l'angle, soit l'immeuble même, soit divers aspects typiques d'une ville. Ici, le bus londonien est devenu quasiment abstrait, mais demeure reconnaissable bien que flou.

• CI-DESSUS Reflets et lumière au néon au crépuscule ont créé une image au graphisme fort ; à la lumière du jour, la même scène aurait perdu tout son impact. Soyez toujours attentif aux lumières environnantes : les couleurs éclatantes d'un éclairage au néon, surtout celles des enseignes lumineuses, donnent des résultats extraordinaires si on les photographie sur des surfaces mouillées.

• À DROITE EN HAUT Cette photographie du Rio Grande illustre la perfection que peuvent atteindre certaines images en miroir. Si on la présentait verticalement, elle revêtirait une dimension entièrement différente. Un grand nombre d'images se prête à un tel traitement : il sera toujours intéressant de procéder à divers essais de présentation pour obtenir des effets variés.

• À DROITE EN BAS Cette photographie d'une vitrine du Chinatown de Los Angeles est déroutante au premier abord, car l'objet reflété n'est pas immédiatement reconnaissable. Le drapeau vert portant le caractère chinois rouge forme le fond de la vitrine sur la vitre de laquelle se reflète la rue. Ce type d'illusion optique attire la curiosité, tout en offrant de singulières possibilités créatives.

• CI-DESSUS Cette image associant reflet de néon, verre et acier comporte plusieurs niveaux visuels. On a créé une puissante composition géométrique en choisissant très soigneusement le point de vue.

L'AUTOMNE

Chaque saison possède ses caractéristiques mais, l'automne offre au photographe une palette de coloris qui se prêtent particulièrement à la photographie. De toutes les saisons, c'est la plus courte : la moindre rafale de vent peut dépouiller de sa splendeur un arbre paré de ses couleurs automnales ; sans vent, il mettra un peu plus de deux semaines à perdre toutes ses feuilles. C'est pourquoi, vous devrez faire preuve d'à-propos pour ne pas manquer ces couleurs extraordinaires. Si vous photographiez de grandes étendues de feuillus, cherchez des zones de couleurs isolées pour créer un contraste : un arbre solitaire dans le paysage, ou une feuille tombée au sol.

Essayez des angles différents : un ciel bleu peut constituer une magnifique toile de fond sur laquelle se découpent les feuilles dorées, tandis qu'en forêt, l'utilisation d'un objectif grand-angle en contre-plongée accentuera l'élan des arbres vers le ciel.

• À GAUCHE Arbres et feuilles ne sont pas seuls à offrir une image de l'automne : ces pommes tombées au sol illustrent ce que cette saison peut offrir au photographe vigilant. Soyez toujours à l'affût de l'inattendu.

• CI-DESSOUS Dans ce cas, la contre-plongée a fait merveille. Les minces troncs d'arbre s'élancent vers le ciel, leurs feuillages formant un dais doré. La lumière filtrant à travers les branches est tout juste suffisante pour créer au sol des motifs intéressants tout en conservant une exposition uniforme.

PHOTOGRAPHIER LES FEUILLES D'AUTOMNE

- Composez un arrangement de feuilles et observez les contrastes de couleurs, de formes et de tailles.
- Observez l'aspect des feuilles éclairées à contre-jour.
- Dans les photographies de feuilles en gros plan, les détails des nervures et des coloris constituent autant d'éléments essentiels de la composition : une bague-allonge ou un soufflet-allonge seront probablement nécessaires.
- Si vous photographiez des feuilles à contre-jour ou en très gros plan, celles-ci doivent demeurer parfaitement immobiles. Vous devrez trouver une solution pour couper le vent, ou rapporter les feuilles chez vous pour les photographier à l'intérieur après avoir installé un système d'éclairage. Quelle que soit la méthode employée, faites toujours attention aux grandes ombres sans intérêt : celles-ci ne se remarquent pas toujours au premier abord mais, si l'on travaille en gros plan, les ombres portées d'une feuille sur l'autre sont toujours disgracieuses.

• À L'EXTRÊME GAUCHE L'automne est une saison que caractérisent de rapides changements : le photographe ne devra jamais l'oublier pour pouvoir profiter pleinement de toutes les compositions possibles. Quelques jours avant cette prise de vue, les fougères étaient encore vertes. .

• CI-DESSUS Les feuilles d'automne offrent maints détails se prêtant au gros plan. Celles-ci sont photographiées sur fond de ciel. Attention ! si l'on utilise une vitesse d'obturation lente, le vent pourra être source de problèmes.

En étudiant des photographies de voyage, vous serez étonné de constater que l'on peut souvent reconnaître un pays, parfois même une ville, simplement en observant les personnages présents. Cela peut être évident, s'il s'agit d'un garde du palais de Buckingham ou d'une personne placée devant la tour Eiffel, mais parfois une simple tenue vestimentaire pourra évoquer le lieu.

Nos voyages personnels, mais également la télévision, les journaux et les magazines nous ont familiarisés avec de nombreuses régions du monde. Des photographies qui, dans le passé, auraient constitué autant d'aperçus fascinants de lieux exotiques risquent aujourd'hui de n'être plus perçues que comme des clichés d'une affligeante banalité : en rajoutant des personnages dans ce type de composition, on pourra souvent sortir de l'ornière de l'insignifiant.

Les habitants du cru accepteront pour la plupart d'être photographiés et certains s'y attendront très certainement. Tous les personnages figurant dans les illustrations de cette double page étaient inconnus du photographe, mais, pour trois d'entre eux, ils sont parfaitement conscients de constituer le sujet principal de la composition.

Soyez toujours attentif aux petits détails significatif : un panneau sur une porte, un motif architectural, ou des publicités. Les tenues vestimentaires évoquent bien l'atmosphère d'un lieu.

Réfléchissez comme toujours soigneusement au point de vue. Il pourra être intéressant de vous accroupir pour effectuer une prise de vue en contre-plongée : les personnages sembleront plus importants que s'ils sont photographiés en plongée. Doivent-ils être placés au centre de la composition, ou sur le côté ? Dans ce dernier cas, si votre appareil est muni d'une mise au point automatique et d'un réglage automatique de l'exposition, visez d'abord le personnage, appuyez à mi-course sur le déclencheur pour enregistrer les réglages, puis déplacez l'appareil pour obtenir la composition souhaitée et déclenchez à fond.

• CI-DESSUS En réduisant la profondeur de champ, la façade située à l'arrière-plan est devenue légèrement floue, ce qui met en valeur le rouge éclatant de l'uniforme ainsi que les détails du casque : le garde constitue le point de convergence du regard.

• CI-DESSUS Bien que petite, cette fillette forme le centre d'intérêt de la composition en raison de la prise de vue en contre-plongée. Choisissez toujours très soigneusement l'angle de vue de vos portraits : la plus petite variation peut influer considérablement sur la composition.

• À GAUCHE Ces personnages photographiés à Orvieto, en Italie, composent un groupe hétérogène. Ce type de composition peut conférer un intérêt humain à une série de photographies.

• À GAUCHE Le décor de ce camion de bière forme un arrière-plan intéressant. Soyez à l'affût de toutes les occasions inhabituelles. Le personnage, totalement inconnu du photographe, est à l'évidence heureux d'être photographié. De même que l'arrière-plan, ses vêtements évoquent indubitablement l'« Amérique ».

LES GENS AU TRAVAIL

Vous pourrez compléter les vues de paysage par des photographies de personnages dans leur cadre de travail, ce qui apportera une dimension supplémentaire à vos photographies de voyage. Ces images offrent souvent une vision plus intime des lieux visités, tout en montrant les activités caractéristiques d'une région particulière. Des vues d'usines ou de fermes proposant des visites guidées, les serveurs d'un restaurant réputé ou un centre artisanal fabriquant des objets locaux tout ceci exprimera l'esprit d'un voyage ou de vacances, et pourra servir ultérieurement de référence utile.

Si le travail qu'accomplissent les personnes photographiées est très minutieux, rapprochez-vous afin de voir ce qu'elles font. Mais ne les dérangez pas et soyez discrets, sinon elles ne voudront pas être photographiées.

Si vous photographiez en intérieur avec un éclairage insuffisant, vous devrez probablement utiliser un flash. Essayez d'en réfléchir la lumière sur le plafond pour la diffuser : il n'y a rien de pire qu'un violent éclair de flash au premier plan, qui laisse l'arrière-plan dans l'obscurité. Prêtez également attention à cet arrière-plan : en quoi peut-il contribuer à la composition ? Donne-t-il quelque information sur le travail en train d'être exécuté ou peut-il faire office de toile de fond uniforme ?

• À DROITE Ces serveuses et ces garçons de ce café de La Nouvelle-Orléans se détendent pendant une pause. Ce type de photographie présente non seulement les gens dans leur cadre de travail, mais permet également d'évoquer une ville particulière. Réfléchissez-y à l'avance et choisissez de montrer précisément les aspects d'un voyage qui vous sembleront les plus mémorables et les plus descriptifs.

• CI-DESSOUS Ces deux hommes travaillent dans le grenier à malt d'une distillerie de whisky des îles Orcades, au nord de l'Écosse. En intégrant leurs outils dans la composition, on donne une image précise de leur travail tout en lui conférant un caractère d'activité spontanée. Ici, les deux hommes se sont appuyés sur ces mêmes outils durant les longs temps de pose.

• CI-DESSOUS N'oubliez jamais les objets dans votre composition ; ce sont le plus souvent les instruments de travail qui renforcent l'intérêt visuel de la photographie tout en donnant des informations sur le travail lui-même. Si la personne que vous souhaitez inclure dans la composition semble timide, commencez par photographier son environnement afin de l'accoutumer à votre présence. Parlez-lui de son travail ; si votre interlocuteur comprend que vous êtes véritablement intéressé, il prendra confiance et se montrera plus naturel durant la prise de vue.

• À GAUCHE Cet artisan est l'un des derniers fabricants de luth encore en activité. Son travail est aussi minutieux que lent : la moindre erreur serait fatale à l'instrument. La photographie a été réalisée à proximité de la fenêtre qui éclaire la scène. L'intensité de son travail se reflète sur son visage. On a utilisé un téléobjectif de 100 mm afin d'obtenir une photo précise du travail en cours tout en restant éloigné du sujet.

LES POPULATIONS LOCALES

• CI-DESSOUS Une bonne photographie de voyage dépend de votre rapidité de réaction et de votre capacité à saisir l'instant fugitif. Ce vigneron conduisait son tracteur chargé de raisins sur un chemin vicinal. Il a accepté d'être photographié, ce qui a permis de réaliser de lui une série de portraits dans la lumière de fin de journée.

Les portraits contribuent au pittoresque des images de voyage, surtout s'ils sont présentés parmi des photographies de paysages, d'architecture ou de mer. Une série de clichés des habitants d'une ville pourra constituer un reflet de la vie dans cette région. Pour saisir l'essence des activités d'un lieu, rapprochez-vous des gens, et associez-les à leur cadre de travail.

La clef de la réussite, si l'on veut photographier des étrangers, c'est la politesse. Si vous abordez les gens de manière aimable et rassurante, seuls les plus récalcitrants refuseront d'être photographiés. Cependant, n'oubliez pas que dans certaines régions du monde, où la représentation des personnes est considérée comme un vol de leur âme, il est alors déconseillé de photographier les gens, ou même de les dessiner. Respectez les croyances d'autrui : protester contre ces faits culturels ne ferait qu'empirer les choses. Il sera bien plus fructueux de chercher à rencontrer une personne d'autorité et de faire appel à vos meilleurs talents de diplomate pour la rassurer et tenter d'obtenir qu'elle persuade les personnes que vous souhaiteriez photographier d'y consentir. Dans la plupart des cas, une telle approche, peut-être complétée par un petit cadeau, se révélera très payante, surtout si vous leur offrez ensuite un portrait au Polaroid.

• À DROITE
La grande profondeur de champ de cette photo a été obtenue en optant pour un objectif grand-angle et un petit diaphragme : les épices sont nettes, de même que les deux marchands. Les couleurs intenses du premier plan attirent le regard.

• À DROITE Le choix des couleurs est significatif du climat de la région photographiée. Les coloris ne seront pas toujours nécessairement éclatants : ici, ils sont doux, mais évoquent la chaleur. Ce berger a été rencontré par hasard sur un chemin de Sicile. Bien que préoccupé par ses moutons et ses chiens, il accepta volontiers d'être photographié. Ses vêtements sont ceux d'une personne travaillant en plein air, et son chapeau trahit le climat chaud et l'intensité du soleil. De tels éléments permettent de situer géographiquement une photographie.

• À GAUCHE En cadrant ces cavaliers, on a mis en valeur la splendeur de leurs uniformes, devant les grilles dorées de l'arrière-plan. Ce genre de cérémonie a lieu tous les jours dans la plupart des capitales, ne manquez pas de les photographier.

L'ARCHITECTURE : PRINCIPES GÉNÉRAUX DE COMPOSITION

Bâtiments et constructions offrent au photographe d'inépuisables occasions. La composition est un élément fondamental en matière de photographie d'architecture. Les conditions météorologiques peuvent être parfaites, l'exposition correcte et l'heure idéale, un mauvais cadrage gâchera irrémédiablement la prise de vue. Dans ce cas, matériel et accessoires pourront se révéler très utiles :

- le téléobjectif rapproche un bâtiment éloigné mais, selon la longueur focale, réduit aussi les distances entre le sujet principal et les éventuelles constructions situées au premier plan ou à l'arrière-plan ;

- l'objectif grand-angle permet de réaliser des gros plans tout en exagérant la perspective. Un bâtiment élevé, un gratte-ciel par exemple, semblera plus imposant encore photographié en contre-plongée, en raison de la convergence des verticales ;

- l'objectif à décentrement supprime la convergence des verticales quand celle-ci se révèle inappropriée dans la prise de vue envisagée. Ce type d'objectif modifie l'axe de vue sans qu'il soit nécessaire de déplacer l'appareil photographique, tout en autorisant le mouvement de l'objectif relativement au plan du film.

Le choix du point de vue est un paramètre essentiel de la composition. Positionnez l'appareil afin d'éliminer du cadre tout élément indésirable, en vous déplaçant légèrement ou en optant pour un autre objectif. Si vous disposez d'un zoom, il vous suffira probablement de procéder à un petit ajustement de la longueur focale.

• CI-DESSUS On a utilisé un téléobjectif pour réaliser cette photographie d'une maison écossaise isolée ; le sommet de la montagne formant l'arrière-plan a été délibérément coupé par le cadrage. Une telle composition accentue l'isolement du sujet qui acquiert ainsi de l'intérêt.

• À GAUCHE Cette photographie a été exécutée avec un téléobjectif de 100 mm qui a resserré la composition. Veillez à éviter toute intrusion inopinée dans votre cadrage d'un véhicule ou d'un autre objet, ou modifiez la position de l'appareil.

• CI-DESSUS Les grilles de l'église font le cadre de cette photographie une composition équilibrée. Bien que l'on ait utilisé un objectif grand-angle, le point de vue était suffisamment rapproché pour que l'église ne disparaisse pas dans le lointain. Les nuages blancs interrompent l'uniformité bleue du ciel et renforcent la composition.

• CI-DESSUS On a attendu le crépuscule pour obtenir cette qualité de lumière et les teintes chaudes qui illuminent cette tour. Le reflet des constructions sur l'eau accroît l'impression de hauteur. L'objectif à décentrement, en éliminant la convergence des verticales, permet en outre d'inclure dans le cadre l'ensemble des bâtiments. En photographiant des bâtiments modernes, veillez à ce que les reflets des façades ne provoquent pas de lumière parasite dans l'objectif.

L'ARCHITECTURE : LES EXTÉRIEURS

On croit parfois qu'il suffit de se placer tout simplement devant un bâtiment, de viser et d'appuyer sur le déclencheur, surtout s'il s'agit d'un monument si célèbre que rien ne paraît devoir être ajouté. Ce n'est pas faux, mais si tout le monde appliquait cette méthode, les photos seraient bien répétitives. On peut toujours trouver de nouvelles manières de représenter un objet familier : un angle inhabituel, un éclairage différent, une portion de façade. Tous ces facteurs peuvent contribuer à la réussite des photographies d'architecture.

LES DÉTAILS ATMOSPHÉRIQUES

- L'heure de la journée compte beaucoup en matière de photographie d'architecture. Si, à partir d'un point de vue déterminé, le soleil se lève derrière le bâtiment, cela peut produire une image voilée dans laquelle la construction paraîtra monotone. Attendez que le soleil se soit déplacé dans le ciel, baignant peut-être le bâtiment dans une chaude lumière d'après-midi soulignée par des ombres.

- Les nuages peuvent apporter une autre dimension à la composition. Parfois, même un ciel bleu radieux sera amélioré par la présence de beaux nuages blancs surplombant un bâtiment. Des nuages gonflés par l'orage souligneront le caractère dramatique, voire spectaculaire, d'une photographie.

• À GAUCHE La nouvelle université de Moscou a été photographiée alors que le soleil se trouvait à son zénith, éclairant ainsi uniformément la façade. On a utilisé un objectif à décentrement afin d'inclure la tour dans le cadrage sans avoir à photographier le bâtiment en contre-plongée, ce qui se serait traduit par une convergence des verticales.

• À GAUCHE Isolée dans la montagne, cette église blanche se dresse dans un rayon de lumière. Le photographe a attendu une demi-heure avant de la réaliser, car un nuage masquait le soleil, et la scène aurait été aussi plate qu'inintéressante. Cela vaut toujours la peine d'attendre un changement de lumière pour obtenir une meilleure photographie.

• CI-DESSOUS En se tenant d'un côté de la rue, on a éliminé du cadrage un mur disgracieux. L'usage d'un téléobjectif moyen, de 135 mm, a légèrement rapproché les habitations et les champs à l'arrière-plan, ce qui a resserré la composition tout en accentuant l'alignement des maisons.

• CI-DESSUS Cette photographie a été exécutée avec un téléobjectif moyen. Les habitations du premier plan ont été conservées pour mettre en valeur la cathédrale de Sienne qui domine majestueusement la ville. Celle-ci baigne dans une chaude lumière de fin d'après-midi qui accentue les coloris ocre des façades et des toits.

• CI-DESSUS Des nuages blancs, mis en valeur par un filtre polarisant, surplombent ces maisons en adobe de Taos, au Nouveau-Mexique, tout en contribuant à la composition ; ils créent également une certaine diversité dans une image par ailleurs quasiment monochrome.

PHOTOGRAPHIER LES VERTICALES

L'utilisation d'objectifs différents peut modifier complètement la perspective d'un bâtiment. Quand on effectue une prise de vue en contre-plongée d'un gratte-ciel, par exemple, les verticales convergent entre elles, ce qui peut renforcer le dynamisme de l'image.

Mais la convergence des verticales peut se révéler inopportune, le bâtiment photographié semblant déformé et sur le point de s'effondrer. La composition de photographies d'architecture doit être étudiée cas par cas.

On utilisera un téléobjectif pour photographier un bâtiment éloigné : le premier plan sera rapproché, ce qui accentuera la présence du sujet principal dans la composition.

Dans le cas de photographies plus spécialisées, surtout en ce qui concerne les bâtiments très élevés, on utilisera de préférence un objectif à décentrement qui conserve le parallélisme des verticales, le plan du film demeurant parallèle à celui de la façade.

• CI-DESSUS Cette photographie de gratte-ciel est un exemple extrême de la convergence des verticales. En pointant l'appareil vers le ciel, on a exagéré la hauteur des bâtiments dont les façades semblent se rejoindre dans le ciel. Cet effet a en outre été accentué par l'utilisation d'un grand-angle.

L'ARCHITECTURE : LES INTÉRIEURS

L'un des facteurs essentiels pour la photographie d'intérieurs, c'est la lumière ambiante. Dans la majorité des cas, elle sera de plus faible intensité qu'à l'extérieur. L'œil humain sait si bien s'adapter aux modifications de la lumière que nous oublions vite que certaines conditions d'éclairage sont en fait très insuffisantes. Mais un film, même sensible, ne connaît pas ce type de compensation naturelle. La seule façon de réussir votre prise de vue, c'est d'augmenter l'exposition ou d'éclairer artificiellement l'intérieur, à l'aide d'un flash.

Beaucoup d'appareils sont équipés d'un flash incorporé ou d'une griffe porte-accessoire reliée au contact flash, ou bien pouvant être dotés d'un support de flash vissé sur l'embase du boîtier. Cependant, même le plus puissant des flashes pourra se révéler insuffisant pour éclairer un intérieur très vaste. Si l'on utilise d'autre part un film très sensible pour travailler sans éclairage d'appoint, le grain de la photo sera important et les ombres peu détaillées. La solution de loin la plus satisfaisante consiste à fixer l'appareil sur un trépied et à choisir un temps de pose important. Aucune des photographies illustrant cette double page n'a été réalisée avec un film de sensibilité supérieure à 64 ISO, et le flash n'a été utilisé que pour une seule d'entre elles.

À l'intérieur de monuments célèbres envahis par la foule, il faudra opter pour un point de vue permettant d'exclure celle-ci du cadre. Dans certains lieux, il est interdit d'utiliser un pied ; utilisez alors un monopode ou cherchez un support – banc, sol, table ou appui de fenêtre.

• CI-DESSUS Cet intérieur a été photographié entièrement en lumière naturelle. Les stores ont été tirés afin de laisser passer un maximum de lumière tout en créant des ombres intéressantes. Il en résulte une vue d'intérieur contemporain baigné par un soleil radieux.

• À GAUCHE La fenêtre est éclairée par la lumière extérieure. Celle-ci n'était pas suffisamment puissante pour éclairer également les murs intérieurs, sans surexposer les détails du vitrail. En équilibrant l'exposition et la puissance du flash, le photographe a obtenu une exposition uniforme.

• À DROITE Cette vue singulière du plafond de l'abbaye de Westminster a été obtenue avec un objectif « fish-eye ». L'abbaye était ouverte au public, pourtant nul visiteur n'apparaît dans le cadrage car l'appareil a été incliné vers le haut. Ce jour-là, le ciel était couvert : aucune ombre n'apparaissait sur les côtés du bâtiment, ce qui a permis d'obtenir une exposition relativement uniforme, sans éclairage d'appoint, avec un long temps de pose.

• À DROITE L'utilisation d'un flash est interdite dans la grande salle de la bibliothèque du Trinity College, à Dublin. La scène a donc été photographiée en lumière ambiante, du haut du balcon pour accroître la profondeur de la composition. Si l'appareil avait été installé au rez-de-chaussée, il eût fallu travailler en contre-plongée : la convergence des verticales aurait alors donné l'impression que la salle menaçait de s'effondrer.

L'ARCHITECTURE : LES DÉTAILS

Les immeubles offrent au photographe maintes occasions de créer des images souvent passionnantes, parfois inhabituelles, de scènes demeurant inaperçues de la plupart des passants. Il n'est pas toujours possible, ni même intéressant, de photographier un bâtiment dans son intégralité. Parfois, quand l'immeuble semble insignifiant, on obtiendra une composition puissante en isolant une petite zone de sculpture ou de céramique, par exemple.

L'heure de la journée peut jouer un rôle important dans la photographie de détails architecturaux. Quand le soleil est bas sur l'horizon ou qu'il forme un angle prononcé avec le sujet, des ombres marquées peuvent apparaître, qui renforcent le graphisme de l'image et créent des compositions inhabituelles, voire abstraites.

Il est rare que l'on ne puisse découvrir un angle de prise de vue intéressant même du bâtiment le plus banal ; le plus souvent, ce qui fait une « bonne » photographie, c'est le temps qu'aura passé le photographe à rechercher un angle inhabituel, un détail cadré en gros plan ou une composition incluant ou excluant tel élément. Parfois, une série de gros plans de détails architecturaux pourra constituer au fil du temps une collection de thèmes ou de styles particuliers. À l'intérieur, certains détails requièrent un cadrage très précis : il sera utile de travailler avec un trépied, non seulement en raison de la faiblesse de l'éclairage et de la longueur du temps d'exposition, mais aussi dans les situations où la symétrie se révèle essentielle, comme dans le cas de la photographie d'un plafond. Il n'y a rien de pire qu'une photographie pour laquelle on a pris le plus grand soin de l'exposition et de la composition, mais où l'un des quatre piliers, par exemple, ne forme pas un parallélépipède parfait. Avec un trépied, on pourra obtenir un effet de symétrie plus précisément qu'en tenant l'appareil à la main.

• CI-DESSUS Comme il était impossible de cadrer l'ensemble de la cathédrale de Florence en une seule photographie et que l'afflux gênant des touristes semblait incompatible avec la majesté du monument, on a privilégié une partie de la façade en mettant en valeur la beauté de ses détails par une composition photographiée en contre-plongée au niveau du sol.

• À GAUCHE Le hall d'entrée de l'immeuble du quotidien londonien le *Daily Express*, dans Fleet Street, est un chef-d'œuvre de décoration art déco. Celui-ci est parfaitement conservé, mais de tels intérieurs ont parfois été détruits, les seules traces de leur existence étant conservées par des photographies dont la valeur ne cesse de croître au fil des ans. Pour mettre en valeur les détails de ce bas-relief en métal, on a opté pour une lumière rasante placée sur le côté. Si cette œuvre avait été éclairée de face, la composition aurait semblé plate et ponctuée de reflets.

• CI-DESSUS En photographiant en gros plan ces escaliers d'incendie new-yorkais et en profitant d'un soleil hivernal de fin d'après-midi, le photographe a créé une belle composition graphique. Si l'on avait inclus dans l'image la partie inférieure de la façade, le résultat aurait été moins abstrait et, partant, moins spectaculaire.

• CI-DESSUS Le rez-de-chaussée de ce bâtiment est occupé par des bureaux quelconques. Par contraste, le plafond a été préservé des atteintes du modernisme : en choisissant soigneusement le point de vue et en fixant l'appareil sur un trépied, on a obtenu une composition parfaitement symétrique.

• À DROITE Les églises, plus particulièrement, offrent de nombreux sujets de photographie. Des détails de sculptures, des colonnes, de la maçonnerie... peuvent, à la longue, constituer une collection historique.

L'ARCHITECTURE : LA NUIT

De nuit, l'architecture évoque souvent davantage le paysage urbain que durant la journée. Certaines villes, comme New York, semblent véritablement vivre la nuit, éclairées par une débauche de néons aux couleurs éblouissantes.

L'heure idéale pour photographier une ville moderne, c'est environ une demi-heure après le coucher du soleil, quand le ciel bleu sombre forme une toile de fond bien plus intéressante qu'un ciel entièrement noir. Une telle lumière n'est disponible que durant un court laps de temps – environ 10 à 15 minutes – ce qui, si vous êtes prêt, devrait convenir, étant précisé que vous ne pourrez guère réaliser plus d'une ou deux photographies par soirée. En raison de la faible intensité de la lumière, vous devrez choisir des temps de pose longs et vous munir d'un trépied.

L'UTILISATION DES ÉCLAIRAGES COMPLÉMENTAIRES

- Si la composition d'une photographie d'architecture inclut la rue, les phares et les feux arrière des véhicules de passage pourront compléter l'éclairage de la scène. En optant pour une faible vitesse d'obturation, ces lumières seront autant de lignes lumineuses serpentant dans les « gorges » artificielles de la ville.

- Évitez soigneusement les lumières parasites provenant de sources lumineuses extérieures, comme les lampadaires. Un parasoleil standard se révèle parfois insuffisant : vous devrez dans ce cas improviser un écran protecteur avec un morceau de carton, un livre ou une carte routière, par exemple. Sinon, placez-vous entre l'appareil et la source de lumière parasite.

• CI-DESSUS Cette photographie a été exécutée immédiatement après le coucher du soleil. La contre-plongée provoque la convergence des deux gratte-ciel tout en exagérant leur hauteur et en créant un sentiment d'enfermement dans la ville. Le bus, qui occupe le bas du cadrage, évoque le mouvement. Ses petites vitres latérales, éclairées par des tubes au néon, sont devenues vertes, ce qui renforce le thème de la nuit et de l'éclairage artificiel de la ville.

• CI-DESSOUS Le ciel était déjà très sombre à l'instant de cette photographie, mais comme les gratte-ciel illuminés occupent la majeure partie du cadre, l'obscurité forme par contraste une toile de fond ni trop importante ni terne.

• CI-DESSOUS Cette grande photographie du Colisée de Rome est un exemple parfait d'équilibre entre l'éclairage de la façade du monument et la teinte crépusculaire du ciel. Les lignes créées par les phares et les feux arrière des automobiles remplissent la zone vide de la rue. L'autre prise de vue, VIGNETTE, réalisée à partir du même point de vue, montre l'effet de l'absence de parasoleil : la lumière parasite d'un lampadaire a gâché l'image.

• CI-DESSOUS Ce gros plan de soucis a été obtenu avec des bagues-allonges. La profondeur de champ étant très réduite et le temps de pose long, on a fixé l'appareil sur un trépied et utilisé un pare-vent afin que la fleur ne se balance pas au gré du vent.

Les plantes constituent d'excellents sujets de photographie, les espèces exotiques, comme les variétés les plus banales. Outre les couleurs de la plante, sa texture est aussi un facteur essentiel de la composition. Chaque espèce se montre sous ses plus beaux atours à une époque particulière de l'année. Si vous souhaitez photographier tel type de plante, vérifiez l'époque de sa floraison, surtout si vous voyagez pour la voir.

Vous obtiendrez des effets originaux en isolant une plante dans un massif de fleurs et en tirant profit de la faible profondeur de champ qu'offre le téléobjectif. Il existe cependant bien d'autres occasions de compositions inhabituelles : une plante, un massif de fleurs ou un arbre, par exemple, situés au premier plan, pourront être intéressants en eux-mêmes, et servir, le cas échéant, à masquer un élément inopportun du cadrage.

- Si vous photographiez des fleurs en gros plan, la profondeur de champ sera très réduite, surtout si vous utilisez des bagues-allonges : vous devrez donc fermer le diaphragme au maximum et opter pour un temps de pose long. La moindre brise fera bouger la plante : protégez-la du vent, sinon la photographie sera floue.
- Dans le cas d'un gros plan, l'éclairage peut également poser problème. En travaillant à la lumière du jour, veillez à ce que ni votre corps ni l'appareil ne projettent d'ombre sur le sujet. Le flash annulaire est un accessoire utile dans ce type de situation : son tube, qui entoure comme un anneau la lentille de l'objectif, produit un éclairage puissant quasiment dépourvu d'ombre. Ce type de flash adapté aux reflex est compact et relativement léger.
- Un trépied est indispensable, en raison de la longueur du temps de pose.
- Les détails des arbres ou de tout autre plante constituent d'excellents sujets de macrophotographie. La texture de l'écorce, par exemple, est souvent fascinante et peut permettre de créer des collages étonnants.

• CI-DESSUS À DROITE Soyez attentif à l'insolite : une sortie dans la nature offre toujours un point de vue intéressant. Cette jacinthe blanche pousse dans un océan de jacinthes sauvages bleues. En réglant soigneusement la profondeur de champ, le photographe a obtenu un arrière-plan flou mettant en valeur le sujet.

• À DROITE La texture d'une écorce peut produire des photos intéressantes, surtout si l'on réunit plusieurs essences différentes dans un montage. Vous pourrez constituer, au fil des années, d'autres montages de ce type.

• À GAUCHE Les cactus du premier plan encadrent la photographie. La présence de plantes au premier plan peut non seulement renforcer la composition, mais aussi masquer des objets inopportuns, comme un poteau télégraphique.

LA FAUNE

• CI-DESSOUS Les parcs animaliers offrent bien des occasions de photographier la faune. Un téléobjectif est indispensable, car il est impératif de conserver une distance de sécurité avec les grands fauves. Les systèmes de mise au point automatique sont parfois inopérants quand on photographie derrière une surface vitrée.

Les animaux sauvages ou en semi-liberté constituent l'un des domaines les plus exigeants de la photographie. Vous devrez vous armer de patience et préparer la prise de vue. Mais, en dépit de son caractère laborieux, ce type de photographie offre de grandes satisfactions. Si vous n'avez pas l'occasion de voyager dans les régions où vivent les grands fauves ou les espèces menacées, vous pouvez vous contenter de visiter des fermes ou des parcs animaliers. On y voit fréquemment des animaux exotiques : dans le cas d'espèces inoffensives – zèbres ou girafes – vous pourrez parfois vous éloigner de votre véhicule pour photographier l'animal dans son contexte avec un téléobjectif moyen de 100-200 mm.

• CI-DESSUS On obtient une image naturelle d'animaux sauvages en veillant à ce que l'arrière-plan montre la végétation et en excluant du cadrage tout élément artificiel. Pour photographier les animaux en gros plan, sans les effrayer, optez pour un téléobjectif de 100 mm.

• CI-DESSUS Les petits détails sont toujours très significatifs, notamment dans le cas de photographies de faune. Ces flamants semblent assoupis mais, à l'examen, on remarque que celui de l'arrière-plan garde un œil ouvert. Cette photographie a été réalisée avec un téléobjectif de 200 mm.

PHOTOGRAPHIER DES ANIMAUX SAUVAGES

- Observez durant quelques temps le comportement de l'animal, pour savoir s'il s'effarouche facilement, ou s'il semble se déplacer dans une direction constante.
- Efforcez-vous de choisir un point de vue offrant un arrière-plan intéressant, sans barrières ou bâtiments inopportuns.
- Soyez patient. Appeler un animal ou attirer son attention par des gestes risque en général de le faire fuir dans la direction opposée. Il peut être très dangereux de déranger un fauve : tout docile qu'il paraisse, n'oubliez jamais que c'est un animal sauvage. Il vaudra mieux ne contrarier ni l'animal, ni le gardien ou le fermier.

• CI-DESSOUS Si vous souhaitez photographier des animaux, soyez toujours prêt à les saisir dans des situations amusantes.

• CI-DESSUS Cette photographie rapprochée d'un troupeau est exécutée en plongée. Tous les détails ont été éliminés du cadre, seules les robes noires et blanches demeurent visibles. Cette technique permet d'obtenir des effets de graphisme presque abstraits.

• À DROITE Cette photographie réalisée en contre-plongée avec un grand-angle crée un ciel spectaculaire. Avec de la patience, vous obtiendrez des photographies saisissantes, ou amusantes de certains animaux venant examiner l'appareil de près. Ici, on a déclenché l'obturateur quand la vache se trouvait à environ un mètre de l'appareil.

LA NATURE MORTE

• CI-DESSOUS En resserrant le cadrage – avec un téléobjectif moyen –, tous les détails superflus ont été supprimés. La texture du mur forme un fond idéal pour la porte, les arbustes et les panneaux de signalisation.

En voyage, nous sommes souvent plus attentifs aux choses qui nous entourent que dans notre vie quotidienne. Tout environnement inhabituel agit comme un stimulant visuel et fait prendre conscience au photographe de nouvelles occasions de prise de vue. Nombre d'objets sans intérêt pris isolément composeront un ensemble de souvenirs si vous les rassemblez. En les photographiant de manière attrayante, on créera une nature morte.

Depuis des siècles, les natures mortes inspirent les peintres ; cette même source d'inspiration offre au photographe d'innombrables possibilités. C'est une excellente discipline que d'observer les objets, de les disposer en ensembles cohérents et de les éclairer. Parfois, il suffira au photographe de savoir distinguer leur intérêt photographique.

• À GAUCHE Voici un bel exemple de nature morte prête à être photographiée. Ces objets étaient déjà fixés à la porte de la grange d'un ranch d'Arizona. Le photographe s'est contenté de choisir le meilleur cadrage possible, sans rien déplacer. Cet assemblage d'objets n'avait pourtant pas de valeur créative aux yeux du propriétaire du ranch, mais un œil neuf nous permet de voir différemment les objets familiers qui nous entourent.

• À DROITE Certaines natures mortes se présentent d'elles-mêmes. Cet assortiment d'objets artisanaux et de meubles africains disposé dans le coin d'une pièce était éclairé par la faible lumière provenant d'une fenêtre ouverte. Un réflecteur blanc a été placé à droite, créant une lumière tout juste suffisante pour éclairer les zones plongées dans l'ombre.

• EN BAS À DROITE On a opté pour une grande ouverture afin de mettre en valeur la couleur des fleurs, en réduisant la profondeur de champ pour rendre flou l'arrière-plan. Les lignes parallèles des marches sont toutefois distinctes, et demeurent un élément composite de l'image.

AIDE-MÉMOIRE DES PHOTOGRAPHIES DE NATURE MORTE

- Demandez-vous si la composition doit être éclairée au flash, si la lumière ambiante est suffisante ?
- Observez la lumière sur chaque élément de la composition : éclaire-t-elle le sujet selon un angle adéquat ?
- Quel angle de prise de vue sera le mieux adapté à la composition ? Imaginez la composition comme occupant le centre d'un cercle. Tenez-vous à quelques pas des objets et tournez lentement autour d'eux en vous arrêtant à intervalles réguliers. À chaque pause, vous découvrirez un nouvel angle de vue et une possibilité de photographie différente.
- Quel point de vue adopter ? Observez la composition au niveau du regard, puis d'en haut et d'en bas.
- Chaque angle de vue offre un arrière-plan différent : lequel est le mieux adapté et complète le plus harmonieusement les objets ?
- Pensez à la profondeur de champ : l'arrière-plan doit-il être net ou flou ?

LES MOTIFS ET LES DÉCORS

Un voyage nous révèle souvent des scènes ou des détails par leur éclairage, leur texture, ou la combinaison de ces deux facteurs. Ce type de cliché, ne faisant pas nécessairement référence au lieu visité, vous permettra d'obtenir de saisissants effets créatifs. Examinez les motifs d'un objet ou d'un groupe d'objets : soigneusement cadrés, ils peuvent constituer une composition intéressante. Parfois, ces images semblent presque abstraites, ou nécessitent un examen attentif pour découvrir ce qu'elles représentent en réalité.

Il est fondamental d'examiner toutes les possibilités qu'offre une scène avant d'effectuer la prise de vue :

- Vaut-il mieux choisir un cadrage symétrique ?
- Les lignes de la perspective vont-elles croissant ou décroissant selon le point de vue choisi ? Si oui, quel est le meilleur point de vue ?
- La matière de l'objet constitue-t-elle un élément important de l'image ? Si oui, la lumière doit-elle provenir de l'arrière ou de côté pour en accentuer la texture ?
- En se rapprochant de l'objet, obtient-on un meilleur effet qu'en s'en éloignant ?
- L'utilisation d'un objectif grand-angle ou d'un « fish-eye » crée-t-elle un effet plus intéressant ou plus subtil ? Ce peut être le cas pour un plafond, par exemple, notamment si les lignes horizontales et verticales sont toutes soigneusement alignées.

• Examinez les possibilités de montage de divers motifs et décors. Essayez de juxtaposer un cliché à l'envers et un cliché à l'endroit.

LES ÉVÉNEMENTS

À travers le monde sont organisés des événements qui méritent un voyage particulier. Le carnaval de Notting Hill, à Londres, par exemple, est la plus grande fête de rue d'Europe. On vient de loin pour assister au défilé, aux spectacles de danse et aux festivités organisés à cette occasion.

LA PRÉPARATION DE LA PRISE DE VUE

Un minimum de préparation vous évitera bien des désagréments. Veillez d'abord à arriver à temps : cela semble évident, mais certains événements n'ont pas toujours lieu à la même époque de l'année, surtout s'ils sont associés à une fête mobile, comme Pâques, par exemple (dont la date diffère pour l'Église orthodoxe).

Munissez-vous de grandes quantités de films. Cela contribuera à la cohérence de vos photographies, car ils proviendront tous du même lot d'émulsion. Quand vous achetez un film sur place, vous ne savez jamais depuis combien de temps le vendeur le stocke, ni s'il n'a pas été endommagé par la chaleur. Dans les lieux touristiques, il n'est pas rare de voir des films entreposés sans protection sous un soleil de plomb. Les photographes professionnels conservent leurs films au réfrigérateur : essayez, dans la mesure du possible, de conserver les vôtres au frais.

LE CHOIX D'UN THÈME

Il est souvent difficile de résumer un grand événement en une seule photographie. Ce qui ne vous empêche pas d'essayer. La meilleure approche consiste à photographier le plus possible, puis à faire des montages des clichés obtenus par thèmes particuliers, ou sous forme d'un journal visuel de l'événement. Le choix thématique est vaste : les visages, les chars du défilé, les costumes, la nourriture, voire les spectateurs eux-mêmes. Nombreuses sont les manifestations à se dérouler durant plusieurs jours : vous aurez alors amplement le temps de réaliser toutes vos prises de vue.

LA SÉCURITÉ

Une occasion comme le carnaval attire également les voleurs. Si vous transportez un sac d'accessoires, conservez-le en sécurité. Soyez vigilant si des enfants vous demandent de les photographier : il arrive qu'un acolyte tente de vous subtiliser vos effets personnels pendant que vous vous concentrez sur la prise de vue.

• Cette juxtaposition de photographies évoque pleinement l'atmosphère du carnaval de Notting Hill, à Londres. En alternant détails et plans généraux des danseurs et des scènes de rue, le photographe a exprimé le pittoresque et l'exubérance de la fête.

SUPERMALT
The Royal Borough of Kensington
POWIS GARDENS. W.11.
RED ALERT RED ALERT RED ALERT
Planet Earth

LE REPORTAGE PHOTOGRAPHIQUE

En photographiant un événement, vous devrez en envisager tous les aspects. Parfois, ceux-ci se révèlent si divers que vous n'aurez que l'embarras du choix ; parfois, ils sont d'un intérêt plus restreint, et vous n'aurez qu'à photographier selon le plus grand nombre de points de vue possibles pour obtenir un reportage significatif.

LA PRÉPARATION

Il est toujours utile de reconnaître les lieux avant le déroulement de l'événement car, dès lors qu'il aura commencé, vous risquez de ne plus pouvoir vous déplacer facilement, surtout si vous êtes encombré d'une valise d'accessoires et d'un trépied. Cherchez un emplacement vous offrant un bon point de vue sur l'épisode principal et connaissez l'heure du commencement de la

• CI-DESSUS Tout en effectuant une prise de vue classique des troupes au garde-à-vous, par exemple, cherchez à resserrez le cadrage, afin de rendre visible les détails des uniformes ou de souligner les rangs serrés des gardes.

• CI-DESSUS Une scène de foule peut compléter un reportage. Plutôt que de photographier simplement l'affluence, cherchez un point d'intérêt, comme cette fillette juchée sur les épaules de son père.

• À GAUCHE Lors d'une cérémonie comme celle-ci, cherchez un arrière-plan discret de sorte qu'un groupe de personnes, comme ces soldats, s'en détache clairement. Parfois, un point de vue en hauteur sera plus particulièrement approprié pour une prise de vue : ici, le photographe se tenait debout sur sa solide valise d'accessoires, afin de ne pas voir les têtes des spectateurs devant lui.

cérémonie, afin d'être sur place bien avant l'arrivée de la foule ; les gens affluent souvent très tôt avant le début d'une cérémonie. C'était le cas pour le salut au drapeau, organisé le jour de l'anniversaire de la reine d'Angleterre, et qui illustre cette double page.

Si vous ne découvrez pas d'emplacement en hauteur, munissez-vous d'un petit escabeau, afin de voir au-dessus des têtes des spectateurs et, peut-être, de bénéficier d'un point de vue inhabituel sur l'événement.

Cherchez également à déterminer à l'avance quelles sont les photographies que vous ne devrez pas manquer. Dressez-en la liste afin de ne pas oublier, dans le feu de l'action, ce que vous souhaitiez faire : même si cela paraît obsessionnel, personne ne réalise un film sans scénario. Lors du salut au drapeau photographié ici, vous pouvez, par exemple, envisager de prendre en photo :

- la personnalité principale – la reine ;
- diverses vues des soldats de la garde royale – des portraits individuels, en formation de marche ou au garde-à-vous ;
- la foule elle-même.

Cela peut vous sembler insignifiant, mais le déroulement de l'événement même, surtout si on l'a attendu, debout, pendant de longues heures, semble parfois ne durer qu'une poignée de secondes.

LE MATÉRIEL

Munissez-vous de plusieurs objectifs ou, mieux, de deux boîtiers pourvus chacun d'un zoom, l'un de 28-80 mm, l'autre de 100-300 mm, par exemple. Vous pourrez de la sorte travailler rapidement, sans vous surcharger de matériel.

• À GAUCHE La personnalité principale d'une cérémonie – la reine Elisabeth, en l'occurrence – devra bien sûr impérativement faire l'objet d'une photographie. Essayez de prévoir à l'avance où elle se trouvera lors de son apparition : ici, la reine passe les troupes en revue avant de se retirer dans Buckingham Palace.

• CI-DESSOUS En optant pour un téléobjectif plus puissant, on a pu photographier d'autres personnalités participant à l'événement, tels les membres de la famille royale, par exemple.

Le portrait

INTRODUCTION

De tous les sujets de photographie, le portrait est probablement de loin le plus pratiqué et le plus prisé. Il est aujourd'hui possible de consigner en photographies toute une vie, dès la naissance, et de constituer ainsi un journal visuel que feuilletteront avec intérêt les générations futures. Le portrait regroupe un grand nombre de domaines différents : photos de bébés, d'enfants, d'adultes, en groupes ou isolés, en studio ou en extérieur. La réalisation de portraits d'excellente facture est à la portée de tous, même avec un matériel élémentaire.

LE PORTRAIT : LES ARRIÈRE-PLANS

Le soin apporté au choix de l'arrière-plan constitue un facteur essentiel à la réussite d'un portrait. Cependant, l'on n'y prête souvent guère d'attention, ce qui se traduit par des photographies que gâchent des éléments visuels inopportuns. Dans certaines situations, en studio par exemple, l'arrière-plan peut être modifié à volonté, de la simple toile de fond unie, blanche ou noire, à un décor spécifique plus complexe, voire à une projection sur un écran.

En photographiant les personnes chez elles, sur leur lieu de travail ou à l'extérieur, on cherchera à tirer parti de l'environnement existant, en incluant par exemple dans la composition le travail ou le passe-temps qu'accomplit la personne photographiée, tout en veillant à ce que le sujet ne devienne pas un élément secondaire. L'emplacement du sujet joue un rôle fondamental dans la détermination de l'arrière-plan : choisissez soigneusement le lieu où il devra poser. Doit-il être debout ou assis ? quels sont la distance et l'angle optimaux de l'appareil relativement à la fois au sujet et à l'arrière-plan ? Le choix de l'ouverture est un autre facteur dont vous devrez nécessairement tenir compte : un petit diaphragme produit une profondeur de champ plus importante qu'une grande ouverture, mais un arrière-plan net peut s'avérer inopportun.

• CI-DESSUS Ici, les vitraux de la porte forment un arrière-plan intéressant. Sans envahir la composition et légèrement flous, ils demeurent identifiables. Le visage de la fillette semble jaillir de la porte comme si elle jouait à cache-cache.

• CI-DESSUS Le poète russe Eugène Evtouchenko, dans son appartement de Moscou. Bien que l'arrière-plan soit très encombré, sa collection de peinture est autant mise en valeur que son visage. Le poète étant placé au centre du cadrage, devant la surface relativement neutre de la table, il se détache de la composition : le regard est immédiatement attiré vers lui.

• À DROITE Ce mannequin a été photographié devant un arrière-plan de plastique brillant. Les lignes bleu clair ont été disposées en diagonale sur le fond bleu sombre, les coloris étant assortis au maquillage. Cet arrière-plan, à peine construit mais très efficace, montre que l'on peut obtenir une composition puissante sans grande dépense d'argent.

• À GAUCHE Cette photographie de femme devant un stand de foire à Ténériffe est l'exception qui confirme la règle. L'arrière-plan domine la composition : la marchande est perdue dans le cadrage mais, en raison des dimensions de ce pittoresque étalage, semble ensevelie sous l'avalanche de ses propres marchandises, ce qui ajoute une touche d'humour à cette scène plutôt banale.

Les accessoires du décor sont les objets introduits dans la composition, soit pour l'agrémenter, soit pour nous donner une information sur la personne représentée, sur son travail, par exemple, ou son passe-temps. Pour être efficaces, les accessoires doivent compléter l'image sans écraser le modèle. Cela pourra être simplement un ajout aux vêtements que porte le sujet – un chapeau ou une fleur, par exemple. Parfois, un vase de fleurs posé à côté du sujet rehaussera la composition ; parfois, en plaçant le sujet devant un arrière-plan composé des objets qu'il crée ou produit, ceux-ci deviennent autant d'accessoires.

Dans un environnement de travail, on découvre d'innombrables possibilités de rajouter des accessoires dans la composition, soit en guise d'arrière-plan, soit autour du sujet. Si celui-ci est photographié en plein travail, on veillera à ne pas prendre trop de recul, afin de ne pas rendre les accessoires insignifiants. Ces derniers pourront exprimer de manière subtile l'atmosphère du lieu, sans dominer visuellement l'image. Imaginons par exemple un forgeron travaillant le métal fondu auprès d'un four : la sensation de chaleur intense, et non la présence dominante du four dans la composition, exprimera bien davantage l'atmosphère ; en photographiant l'homme en plan rapproché et en montrant son front luisant de chaleur, tout en conservant le four à l'arrière-plan, on aura créé une image très évocatrice.

Recherchez systématiquement les accessoires du décor dans l'environnement immédiat du sujet et utilisez-les comme n'importe quel autre accessoire importé dans la composition.

• À GAUCHE Cette photographie a été réalisée dans un fumoir à harengs, une petite salle aux murs noirs de suie. En plaçant l'exploitant devant plusieurs rangées de harengs, le photographe a voulu illustrer son travail.

• À GAUCHE Ce débit de tabac regorgeait d'accessoires. En plaçant le propriétaire allumant sa pipe au milieu de ses marchandises, on a ajouté une dimension supplémentaire à la composition tout en exprimant le caractère du sujet.

• ÇI-DESSUS Le vêtement peut constituer un accessoire d'un portrait : ici, le port de ce drôle de bonnet a modifié le caractère tant de la composition que du sujet.

• CI-DESSUS Cette jeune femme confectionne dans son petit appartement des vêtements exotiques et onéreux : la photographie avait pour objet de montrer à la fois la styliste et son travail. En raison du pittoresque de ses créations, on a décidé d'en remplir la pièce et, y compris sur le plan de travail de la cuisine au premier plan. Un tourbillon de couleurs envahit l'espace, mais la jeune femme demeure un élément essentiel de la composition.

LE PORTRAIT : LE CHOIX DU POINT DE VUE

De nombreux facteurs conditionnent la réussite d'un portrait, l'un des plus importants étant le choix du point de vue. S'il n'existe pas à l'évidence de règles intangibles – car tout dépend de la situation – du moins pourrons-nous rappeler quelques principes généraux.

Si l'on photographie une personne en pied à partir d'un point de vue surélevé, en plongée, le sujet semble rapetissé ; à l'inverse, en choisissant un point de vue surbaissé, en contre-plongée, on exagère sa taille. On en verra des exemples dans tous les magazines de mode, avec des mannequins montrant des jambes apparemment interminables. Dans le cas des jeunes enfants et des bébés, il sera souvent nécessaire de s'accroupir, voire de s'allonger par terre, et de choisir un point de vue extrêmement bas pour obtenir une composition équilibrée.

En photographiant des groupes ou des foules, il vaudra mieux prendre quelque distance ou, pourquoi pas, les photographier d'en haut.

Lors d'une cérémonie particulière, vous pourrez accentuer le détail d'un uniforme ou d'une tenue vestimentaire pour mettre en valeur une personne ou un petit groupe par rapport au reste de l'assistance.

En vous rapprochant du sujet, le point de vue choisi pourra accentuer ou exagérer l'expression du visage de la personne photographiée. Mais si vous photographiez de trop près avec un objectif grand-angle, les distorsions de l'image se révèlent souvent peu flatteuses.

L'autre facteur dont vous devrez tenir compte, c'est l'exposition. Si les personnes se déplacent rapidement, la mesure TTL (à travers l'objectif) pourra constituer un atout, étant précisé que le posemètre effectue une mesure globale sur l'ensemble du cadre, et non restreinte à telle zone sombre ou claire qui pourrait constituer le centre d'intérêt de la composition : il sera parfois nécessaire d'effectuer une correction pour obtenir une exposition convenable.

• CI-DESSUS Lors d'une cérémonie comme le salut au drapeau, à Londres, il sera intéressant de rechercher un angle de vue différent qui complétera les photographies plus conventionnelles de la scène. En choisissant un point de vue situé derrière ce soldat, on a accentué la couleur et le détail de son uniforme. En conservant flou l'alignement du régiment à l'arrière-plan, on focalise le regard précisément sur ce soldat.

• À GAUCHE En photographiant cet homme en contre-plongée, on a mis en valeur les traits de son visage ainsi que son expression : comme il jouait aux échecs, on souhaitait montrer sa concentration. Attention, si le sujet porte un chapeau, veillez à ce que le bord ne crée pas une ombre inopportune au travers de son visage.

• À GAUCHE Cette prise de vue a été réalisée au ras du sol. Le photographe était allongé par terre dans une position comparable à celle de l'enfant. La composition met en valeur le visage : l'effet a été accentué par l'utilisation d'un télé-objectif de 85 mm qui, tout en réduisant les distorsions, à rendu l'arrière-plan légèrement flou ; rien ne détourne notre regard de celui de l'enfant.

• CI-DESSOUS Il est très difficile d'obtenir une vue générale d'une foule au niveau du sol, comme dans cette scène de marché aux puces. Cette prise de vue, qui montre le plus de gens possible, les stands et les marchandises, a été réalisée du haut d'un balcon. Le point de vue en contre-plongée exprime le va-et-vient des badauds, et l'angle de vue a été choisi pour créer une puissante diagonale accentuant la composition générale.

LE MAQUILLAGE

En photographiant sur le vif des amis ou des membres de la famille, on obtient des images aussi naturelles que plaisantes, dont l'intérêt réside parfois dans l'expression inattendue que montre leur visage. Cependant, si l'on souhaite réaliser un portrait tout particulièrement soigné, cela ne saurait suffire. Votre amie, votre épouse ou votre fille vous paraissent séduisantes, mais l'objectif de l'appareil les verra-t-il de même ?

Un maquillage approprié sera souvent nécessaire ; de plus, si le sujet est déjà fardé, son maquillage ne sera pas forcément adapté à la photographie. Les photographes de mode font appel à des maquilleuses et coiffeuses professionnelles qui, ayant consacré des années à perfectionner leur art, peuvent véritablement métamorphoser le visage d'un mannequin pour lui donner l'apparence souhaitée.

Nul n'attend du photographe amateur qu'il connaisse ou engage de tels spécialistes pour réaliser ses portraits, mais il étudiera avec profit les magazines de mode pour se faire une idée et pouvoir en discuter le cas échéant avec son modèle et obtenir le résultat souhaité.

Faites très attention aux détails : même si le maquillage est élémentaire, une mèche rebelle ou une raie en zigzag pourront gâcher la prise de vue. En outre, certains maquillages trop brillants peuvent créer des reflets inopportuns.

Les hommes veilleront également à leur apparence : chevelure ébouriffée et ongles sales contribuent rarement à la beauté d'un portrait, surtout vu de près.

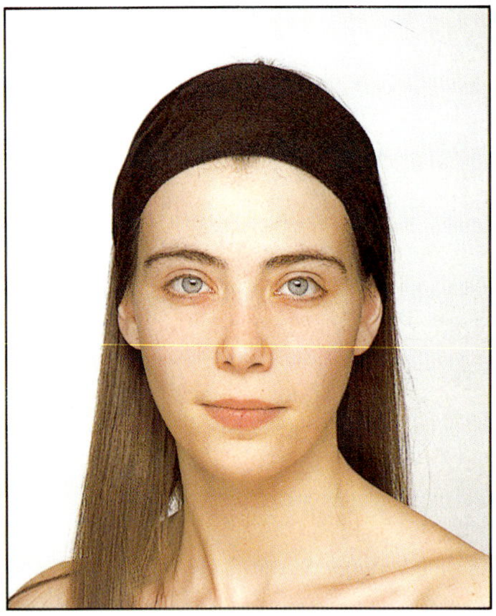

• Ici, le mannequin n'est pas maquillé. S'étant nettoyée la peau avec un démaquillant, elle est prête à se farder.

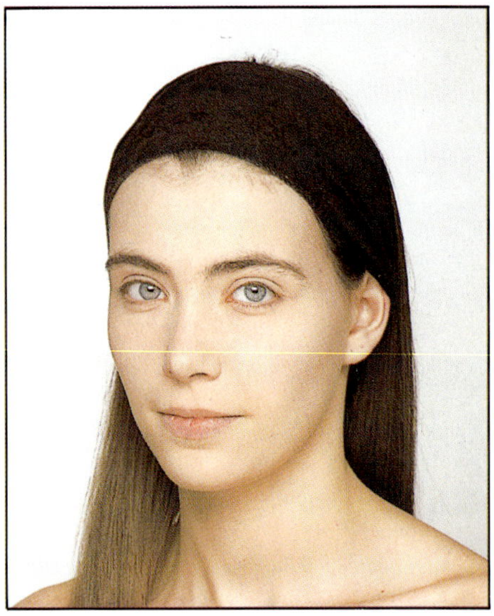

• Un peu de fond de teint a été appliqué pour uniformiser le ton de la peau : c'est un fond de teint translucide assorti au ton naturel de la peau du mannequin. On utilisera une crème spéciale pour masquer les éventuels défauts de la peau et les ombres sous les yeux. On recouvre ensuite le fond de teint d'une poudre pour obtenir un fini mat.

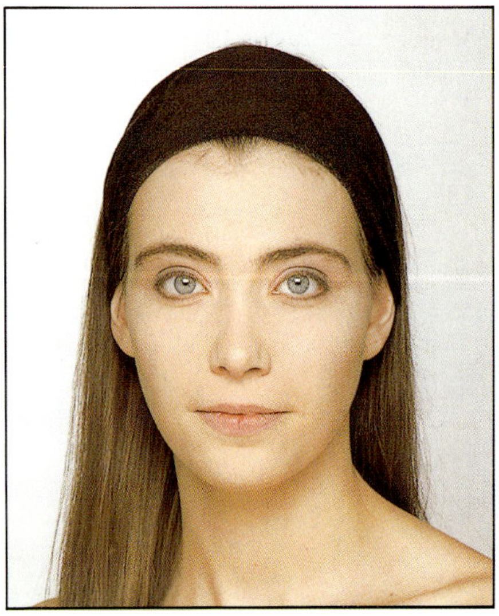

• L'étape suivante est consacrée au maquillage des yeux. On a utilisé ici un peu de fard à paupière et de mascara. Selon l'effet recherché, on pourra rajouter des faux cils.

• On a rajouté ici davantage de mascara avant d'appliquer un fard à joues. Le contour des lèvres ayant été dessiné, celles-ci ont été ensuite recouvertes d'une base claire.

• Après l'application d'un rouge à lèvres et la coiffure de la chevelure, le maquillage est terminé : le mannequin est prêt pour la prise de vue.

L'ÉCLAIRAGE DU STUDIO

Si beaucoup de photographes amateurs sont intimidés par l'idée de travailler en studio, ils estiment pour la plupart que le maniement des éclairages est une technique facile à apprendre.

Examinez dans les magazines les photographies réalisées en studio : les techniques d'éclairage sont aussi diverses que les sujets photographiés ; parfois, une seule source lumineuse est utilisée, parfois cinq sources, ou davantage.

Le système d'éclairage le moins onéreux, c'est le projecteur monté sur pied et doté d'un réflecteur. Son intensité et la chaleur qu'il dégage étant cependant souvent considérées comme incommodes, on pourra lui préférer le flash de studio. Ce type d'éclairage, fonctionnant sur secteur et pourvu de sa propre alimentation, est bien plus puissant que les flashes incorporés ou fixés au contact flash de l'appareil. Certains des modèles les plus puissants peuvent accueillir des tubes de flash supplémentaires.

Hormis le réflecteur standard, il existe toute une variété d'accessoires permettant de modifier le caractère de l'éclairage, notamment les grands réflecteurs semblables à des parapluies, blancs, argentés ou dorés, qui projettent sur le sujet une lumière plus diffuse et plus douce.

Les « boîtes à lumière douce » créent une lumière plus atténuée encore ; elles sont disponibles en divers formats, mais toutes fonctionnent selon le même principe : ce dispositif, qui se fixe sur la tête du flash, est tapissé d'une matière argentée très réfléchissante, une ou plusieurs couches de tissu diffuseur étant tendu sur sa face avant pour atténuer davantage la lumière.

Autre accessoire, le coupe-flux cylindrique projette un mince rayon de lumière sur le sujet ; ce type d'éclairage est différent du spot conventionnel dont le rayon plus large peut être focalisé et sur lequel on peut insérer des trames entre la lampe et la lentille pour créer des motifs sur la zone éclairée.

Comme tous les accessoires, les systèmes d'éclairage spéciaux doivent être utilisés avec précaution et de manière créative : en eux-mêmes, ils ne produiront pas de miracle.

• À GAUCHE Ici, seul l'arrière-plan est éclairé pour obtenir une surface blanche sur laquelle le sujet se dessine en silhouette. Cette technique doit être utilisée avec précaution, car un arrière-plan trop lumineux peut créer des lumières parasites. En cadrant le sujet, veillez à ce que les sources d'éclairage n'empiètent pas dans la composition.

• À DROITE Une seule source lumineuse éclaire un côté du visage du mannequin. L'autre partie du visage est assombrie par des ombres disgracieuses, notamment à proximité du nez et des yeux.

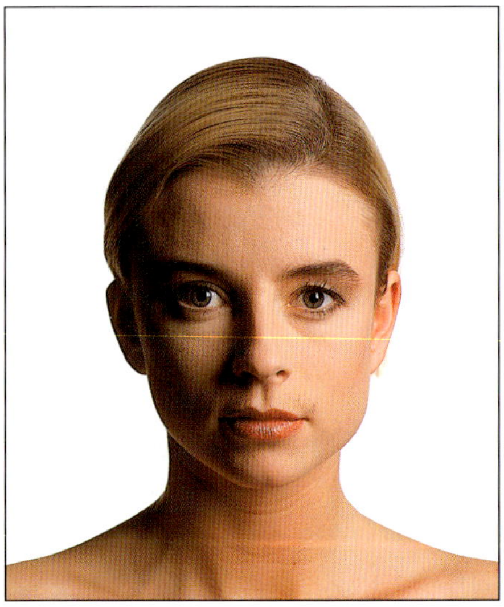

• À GAUCHE Un éclairage d'appoint, moins intense que l'éclairage principal, éclaire le côté gauche du visage. Il adoucit les ombres sans aplatir les contours et les traits du visage. Un réflecteur aurait créé le même effet.

• À DROITE Une autre source lumineuse, fixée au bout d'une perche maintenue latéralement par un support, est placée au-dessus de la tête du mannequin pour renforcer le volume de sa chevelure. La perche permet de rapprocher du sujet la source d'éclairage sans que le support n'apparaisse dans le cadre.

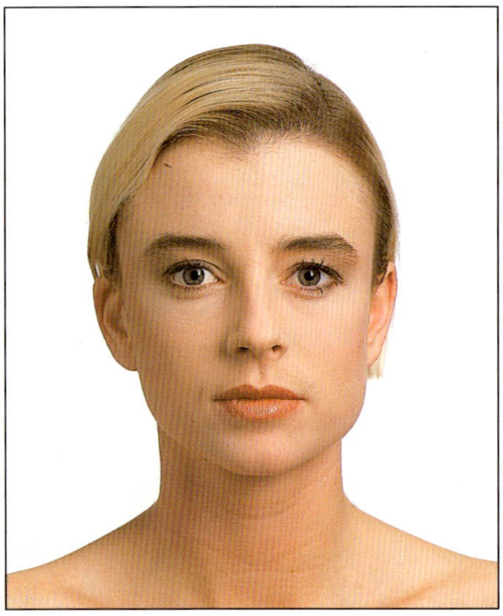

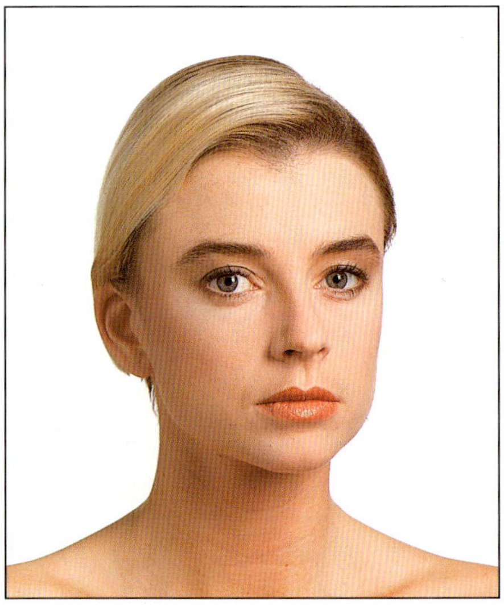

• Avant d'effectuer la prise de vue, on a rajouté un réflecteur blanc sous le visage du mannequin, pour adoucir les ombres apparaissant sous son menton et, dans une moindre mesure, sous ses yeux.

LES PORTRAITS DE STUDIO

• CI-DESSOUS L'un des avantages du studio, c'est la possibilité qu'il offre d'obtenir un arrière-plan uniforme à l'aide de grands rouleaux de papier. Ceux-ci sont accrochés au mur ou au plafond et déroulés sur le sol afin de masquer les angles à la jonction du mur et du plancher. Ce type de toile de fond est proposé dans les studios de location.

La réalisation de portraits en studio présente beaucoup d'avantages : le photographe y maîtrise totalement l'éclairage ainsi que le choix de l'arrière-plan et des accessoires ; de plus, selon l'effet recherché, il peut choisir ou modifier à sa guise le maquillage ainsi que la tenue vestimentaire.

Certains photographes, et encore plus leurs modèles, sont cependant parfois intimidés par l'environnement d'un studio : dans une salle vide, pourvue uniquement de quelques éclairages et de rouleaux de papier servant de toile de fond, comment peut-on créer des photographies intéressantes ? Avec un minimum de savoir-faire et d'expérience, vous découvrirez pourtant une dimension entièrement nouvelle de la photographie.

Un studio n'est pas nécessairement une pièce vaste et spacieuse, organisée strictement pour les besoins de la photographie. De fait, une pièce de dimensions habituelles dans une habitation ordinaire pourra parfaitement faire office de studio, comme le montre la photographie de la jeune femme sur fond blanc.

Pour aménager un studio chez vous, commencez par louer quelques éclairages auprès d'un magasin spécialisé ou faites l'acquisition d'un ou deux éclairages peu onéreux. Cependant, un flash de bonne qualité représentera un meilleur investissement qu'un projecteur : le premier est en général plus puissant, autorisant ainsi des vitesses d'exposition plus rapides que le second. Le flash est également plus pratique d'emploi : il ne dégage pas une chaleur aussi intense que le projecteur, l'éclairage continu de ce dernier pouvant incommoder le modèle comme le photographe.

Il est également possible de louer un studio professionnel : consultez les petites annonces publiées dans les revues spécialisées. Il sera parfois intéressant d'adhérer à une association locale de photographes qui pourra faciliter l'accès à de telles installations et fournir du matériel, une aide technique, voire des mannequins.

• À GAUCHE Ce modèle est éclairé par une source lumineuse très atténuée, pour obtenir une image en valeurs sombres (c'est la technique du *low-key*) soulignant les traits du visage et lui conférant une expression énigmatique. Le studio offre une maîtrise totale de la lumière, ce qui permet de modifier à volonté l'atmosphère d'une photographie. Un autre éclairage pourvu d'un coupe-flux cylindrique (focalisant la lumière) est dirigé sur l'arrière-plan pour créer un dégradé de valeurs.

• CI-DESSOUS Cette photographie illustre ce qu'on peut obtenir chez soi : un tissu de coton a été fixé au mur et drapé sur un canapé. L'unique source de lumière – un flash pourvu d'une boîte à lumière douce – éclaire suffisamment le mannequin et l'arrière-plan. Certaines personnes – photographes et modèles – jugent moins intimidant de travailler à la maison que dans un studio professionnel, mais à mesure qu'on prend confiance en soi et qu'on se lance dans des prises de vue plus audacieuses, le studio improvisé chez soi peut se révéler trop limitatif, à moins que la pièce soit très grande.

Le portrait officiel n'est pas nécessairement synonyme de pose raide et inconfortable. Au début de la photographie, quand les temps de pose se mesuraient en minutes, le sujet devait conserver une immobilité parfaite pour éviter tout bougé : on lui enserrait le cou et le dos dans des supports spéciaux sur lesquels il s'appuyait pour conserver la pose. Cette époque est fort heureusement révolue depuis longtemps.

Ce qui est fondamental en matière de portrait, officiel ou non, c'est de capturer l'expression illustrant le mieux la personnalité ou le statut social du modèle, ou les deux à la fois. Dialoguez avec lui ; essayez, par exemple, de vous découvrir un intérêt commun afin de faciliter et de détendre la conversation.

Même si le modèle vous est totalement inconnu, essayez de prévoir à l'avance le caractère général de la prise de vue. Si, dès les présentations, le photographe se met à examiner son modèle sous toutes les coutures, comme s'il se montrait incertain de la marche à suivre, son interlocuteur en retirera une très mauvaise impression. Il est tout aussi essentiel d'avoir tout prévu intelligemment : le modèle aura également une mauvaise impression si, après quelques prises de vue, il s'avère que le décor ne fonctionne pas et qu'il est nécessaire de modifier l'ensemble du dispositif.

Souvent, le temps constitue un impératif incontournable. Certains modèles, hommes d'affaires ou personnalités, ont un emploi du temps très chargé et peuvent penser qu'une séance de pose sera aussi brève que s'ils s'installaient dans un Photomaton. En sachant ce que vous voulez et en dirigeant votre modèle avec tact et fermeté, vous pourrez obtenir en relativement peu de temps d'excellents portraits. Le résultat sera apprécié, votre réputation de photographe renforcée, et le client fera de nouveau appel à vos services.

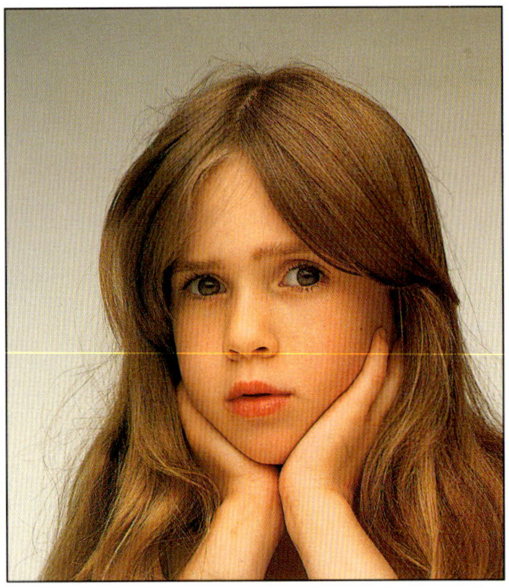

• CI-DESSUS Bien que ce portrait de fillette ait été réalisé en studio, il respire la spontanéité et la vie. On a immédiatement établi un rapport de confiance avec le modèle afin de détendre l'atmosphère, ce qui est très important dans toute situation où le photographe et le modèle doivent travailler en étroite collaboration.

• À GAUCHE Dans cette pièce d'apparence majestueuse et solennelle, l'expression de la femme donne toute sa chaleur au portrait : la séance de pose semble s'être déroulée dans une ambiance détendue. Il fallait éclairer la pièce et l'entrée visible à l'arrière-plan. Si la porte avait été fermée, l'atmosphère eût été un peu étouffante : la possibilité de voir au-delà de la pièce crée une impression d'espace et de clarté. Bien que l'angle de vue soit très large, il n'en demeure pas moins évident que la femme constitue le centre d'intérêt de la composition.

• À DROITE Portrait officiel ne signifie pas guindé. Dans ce portrait du photographe Terence Donovan, le formalisme et la symétrie de la composition confèrent au sujet un caractère énigmatique. Pour ceux qui ne le connaissent pas de réputation, quelques accessoires donnent un indice visuel de sa profession. Terence Donovan dirige également une société de production cinématographique prospère : son portrait évoque aussi ses fonctions d'homme d'affaires.

• À DROITE Ce portrait de l'ancien président de la Chambre des Communes à Londres devait être réalisé en 10 minutes. Sa robe et sa perruque auraient pu le faire paraître aussi intimidant que guindé ; de fait, elles indiquent son statut, tout en s'accordant à l'idée d'un portrait à la fois officiel et intéressant. La petite taille du président, relativement aux dimensions de la salle, crée un puissant contraste avec la splendeur du cadre.

LES PORTRAITS PRIS SUR LE VIF

Nombre de portraits tirent leur réussite d'une certaine simplicité que certains qualifieront de « naturelle ». Mais la réussite-même de ce type de photographies requiert aussi un minimum de réflexions. Il sera par exemple inutile de réaliser un grand nombre prises de vue sur le vif si l'exposition ou la mise au point sont erronées. Avec un peu de prévoyance, tous ces défauts pourront être évités ; ne vous préoccupez cependant pas outre mesure de l'aspect technique de la prise de vue, car cela risque de vous inhiber et de se traduire par des photographies aussi guindées que peu spontanées.

Comme dans tous les domaines de la photographie, ce qui est essentiel, c'est que vous soyez suffisamment familiarisé avec votre matériel pour que les questions de réglages soient devenues instinctives.

Vous pourrez par exemple expérimenter un type de film différent. Essayez une émulsion très sensible de 1 600 ISO : elle se caractérise par un grain très important, qui ne sera pas nécessairement déplaisant, comme le montre l'une des illustrations de cette double page. L'utilisation d'un film sensible permet en outre de travailler dans toutes les conditions d'éclairage, ou presque. Vous pourrez de plus « pousser » ce type de film jusqu'à 3 200 ISO mais l'ensemble du film devra alors être utilisé à cette sensibilité nominale ; n'oubliez pas de l'indiquer au laboratoire traitant votre film afin que la durée de développement soit allongée.

Le zoom, plus particulièrement s'il est associé à un système de mise au point automatique incorporée, vous permettra de travailler plus rapidement, la longueur focale pouvant être modifiée sans changer d'objectif.

En définitive, ce sera toujours, bien évidemment, le regard du photographe qui saura saisir l'occasion d'une bonne prise de vue, quelle que soit la technicité du matériel disponible !

• CI-DESSUS Cette photographie, qui rayonne de spontanéité, de chaleur et d'humour, a saisi un instant fugace. En se rapprochant du sujet, on a obtenu une composition dirigeant le regard sur la femme et le coq.

• CI-DESSUS L'expression effrontée de ce garçonnet a été parfaitement rendue par un film très sensible : de 1 600 ISO. Le grain ne constitue pas ici un défaut, mais renforce l'image. Par temps couvert et dans un lieu environné d'arbres, il est peu vraisemblable qu'un film moins sensible eût donné un bon résultat. Dans le cas de portraits sur le vif, n'hésitez pas à vous lancer dans des expériences, en poussant, par exemple, une émulsion à ses limites.

• CI-DESSOUS Ce type de composition s'offre toujours au photographe vigilant. Chargez systématiquement un film dans votre appareil, pour ne pas perdre de temps à l'instant crucial : la personne risque à tout moment de s'en aller – ici, elle s'est mise à se rechausser !

• À DROITE Ce couple a été photographié lors d'un barbecue. En utilisant un téléobjectif de 100 mm, on a pu le cadrer en gros plan sans avoir à se rapprocher du sujet et risquer de l'intimider. Le sourire éclatant de la femme fait un agréable contraste avec l'expression plutôt étrange de l'homme. La photographie qui en résulte est aussi naturelle que décontractée et charmante.

• CI-DESSOUS Même en se tenant à proximité du sujet, on pourra obtenir un portrait décontracté. Les traits burinés de ce vieil homme sont mis en valeur par l'arrière-plan uni. L'échelle, qui fait office d'accessoire, introduit un élément familier dans la composition, et le col ouvert de la chemise évoque une certaine insouciance, sans pour autant paraître débraillé.

LES PORTRAITS EN PIED

Le portrait n'est pas nécessairement une photographie en gros plan du visage ou cadrée aux épaules. Parfois, l'unique moyen de réussir un portrait consiste à photographier le sujet en pied et à inclure dans le cadre une fraction de son environnement.

Lors du choix du point de vue, dans le cas du portrait en pied, on se rappellera que si l'on photographie le sujet à partir d'un point de vue surbaissé, en contre-plongée, il paraîtra plus grand et ses jambes plus longues. À l'inverse, la même personne photographiée à partir d'un point de vue surélevé, en plongée, semble plus petite et ses jambes plus courtes.

Dans le cas de l'utilisation d'un objectif grand-angle, certaines précautions sont nécessaires si le sujet est placé à côté d'un bord du cadre : certains grands-angles créent des distorsions latérales « étirant » le visage.

En photographiant un groupe en pied, veillez à ce que tous les visages

• À GAUCHE Ce portrait d'ouvriers travaillant dans une distillerie a été réalisé au flash. Le photographe les a regroupés dans un espace restreint de ce vaste entrepôt afin de les éclairer le plus uniformément possible, et il les a rapprochés de l'arrière-plan pour que la lumière ne s'interrompe pas brutalement derrière eux. Dans une situation de ce type, observez les lieux pour en tirer le meilleur parti.

• CI-DESSOUS Ce portrait en pied est réalisé en plongée à partir d'un point de vue surélevé. En asseyant la femme dans un fauteuil, on a solutionné le problème du raccourci. L'appareil étant fixé sur un trépied, l'emplacement des éléments du décor a pu être modifié à volonté selon leur aspect dans le viseur. Même le chien a accepté de prendre la pose.

• À GAUCHE Ce portrait en pied, spontané, a été exécuté lors d'un voyage en Grèce. Le point de vue en contre-plongée fait paraître plus énorme la balle de foin qui forme, avec ses coloris vifs, un arrière-plan intéressant.

• CI-DESSOUS Sous un soleil éclatant, évitez que des ombres disgracieuses traversent le visage du sujet. Ici, cet homme a été placé sur le pas de la porte, dans une zone de lumière uniforme : un pas en avant ou un pas en arrière aurait donné une photographie entièrement différente. N'hésitez pas à diriger la prise de vue et à placer le sujet à l'endroit qui permettra d'en obtenir l'image la plus flatteuse.

soient visibles : aucun ne doit être coupé par le cadre, et aucune ombre créée par une personne ne doit obscurcir le visage d'une autre. Si vous utilisez un flash, sa lumière doit être uniformément répartie. Les flashes incorporés ne produisent pas pour la plupart une lumière très puissante : le sujet se tenant debout dans une grande pièce sera peut-être bien éclairé, mais l'arrière-plan risque d'être trop sombre, l'éclairage n'étant pas assez intense pour illuminer tout l'espace.

En exécutant un portrait en pied à l'extérieur, sous un soleil éclatant, tenez compte le cas échéant du chapeau que pourrait porter le sujet : son rebord risque de créer sur le visage une ombre que l'on atténuera avec un flash d'appoint.

LES PORTRAITS RÉALISÉS À LA MAISON

Beaucoup de photographes amateurs évitent d'utiliser leur appareil chez eux, sauf pour un événement particulier, à Noël ou lors d'un anniversaire ; la maison offre pourtant d'innombrables occasions de prises de vue et d'excellents portraits. L'un des avantages, c'est que le sujet, dans son environnement quotidien, est plus décontracté. L'autre, c'est qu'il est entouré d'objets reflétant sa personnalité, son mode de vie et ses intérêts, que l'on pourra intégrer dans la composition en tant qu'accessoires ou arrière-plan.

La maison offre maintes occasions de photographies spontanées, plus particulièrement avec les enfants. Leurs activités même les plus banales et quotidiennes pourront être vues d'un œil neuf dans le viseur. Conservez systématiquement votre appareil chargé à portée de main. Si votre matériel vous semble trop encombrant, procurez-vous un appareil compact peu onéreux que vous réserverez aux photographies à la maison et qui sera toujours prêt à être utilisé : un modèle pourvu d'un flash incorporé vous permettra de travailler dans toutes les conditions d'éclairage. Ainsi, vous ne risquerez plus de manquer une bonne photographie.

• CI-DESSOUS Les enfants aiment participer aux activités de la maison : autant d'excellentes occasions de photographie, surtout si vous conservez votre appareil à portée de main. Celui-ci devra être simple à utiliser. En le chargeant avec un film de sensibilité moyenne, de type 200 ISO, il conviendra à la plupart des conditions d'éclairage, sans que le flash soit nécessaire.

• CI-DESSOUS Ce portrait de fillette au piano pris sur le vif nécessitait un flash. Les touches du clavier forment un arrière-plan intéressant. La prise de vue en plongée contribue à la simplicité de l'image.

• EN BAS À GAUCHE Ce portrait d'un couple attablé dans une serre illustre la technique de l'équilibrage au flash de la lumière du jour. Toute la scène semble éclairée par la lumière naturelle, mais si l'on n'avait pas rajouté un flash au premier plan, les visages auraient été plongés dans l'ombre. Par temps couvert avec éclaircies, il a fallu attendre que le soleil brille de tout son éclat – mais le résultat en valait la peine.

• CI-DESSOUS Bien que ce portrait soit posé, il respire une atmosphère de décontraction. Les partitions figurant au premier plan suggèrent sinon la profession du sujet – compositeur –, du moins son intérêt pour la musique. Deux flashes ont été utilisés, l'un dirigé vers le sujet et le premier plan, l'autre éclairant l'arrière-plan. Leur intensité conjuguée a été équilibrée de sorte que le paysage apparaissant derrière la fenêtre soit convenablement exposé.

LES PORTRAITS EN EXTÉRIEUR

• CI-DESSOUS Même par temps couvert, on peut réaliser d'excellentes photographies. En cadrant cette jeune femme et son chien dans un décor de sous-bois, on a éliminé le ciel terne. Le téléobjectif de 250 mm ayant considérablement réduit la profondeur de champ, seul le centre d'intérêt est net.

Les jours de grand soleil offrent d'excellentes occasions de réaliser des portraits en plein air. Mais un soleil éclatant peut également poser problème : les ombres sont brutales, le sujet ébloui peut cligner des yeux de façon disgracieuse. La solution consiste soit à placer le sujet dans une zone d'ombre, soit à le détourner de la lumière directe du soleil et à utiliser un réflecteur pour éclairer son visage. Si le sujet porte un chapeau et que son rebord crée une ombre sur le visage, utilisez un flash d'appoint pour adoucir l'ombre.

Le vent qui ébouriffe les cheveux du sujet constitue un autre problème du portrait en extérieur. Recherchez si c'est possible un endroit abrité du vent.

Soyez à l'affût de tout arrière-plan intéressant, comme un mur de pierre ou un paysage. Si l'arrière-plan ne se révèle pas photogénique, envisagez de l'éliminer du cadre, soit en photographiant le sujet en gros plan, soit en ouvrant le diaphragme pour le rendre flou.

Si vous photographiez un groupe de personnes, veillez à ce que l'une d'elles ne projette pas une ombre inopportune sur une autre.

Par temps lumineux mais couvert, la lumière est uniforme et sans ombre, mais dans certaines conditions et avec certains films couleur, les teintes risquent d'être trop froides. Pour résoudre ce problème, utilisez un filtre 81A qui réchauffera légèrement les couleurs.

• À DROITE Ces fillettes, qui constituent un groupe aux proportions harmonieuses, ont été photographiées avec un soleil latéral situé légèrement derrière elles. On a évité ainsi des ombres déplaisantes sous les yeux, de même que l'éventuelle ombre projetée d'une fillette sur une autre. La piscine compose l'essentiel de l'arrière-plan : le mur demeure discret et ne gâche pas la composition.

• CI-DESSUS Ce portrait de femme âgée a été réalisé avec un téléobjectif moyen de 100 mm et une grande ouverture, ce qui a rendu flou l'arrière-plan. Les zones vertes restent discrètes tout en complétant la couleur du fichu. Le sujet est placé dans une zone relativement ombragée, mais son visage baigne dans une lumière uniforme.

• À DROITE Ce garçonnet domine la composition en raison du point de vue en contre-plongée et du gros plan. Le paysage environnant évoque le printemps ; l'expression du sujet est espiègle. En réalisant des portraits en plein air, essayez différents points de vue pour varier vos compositions.

• À GAUCHE En effectuant la mise au point sur les yeux du sujet, on a mis en valeur l'expression de son visage. Le moindre détail de sa barbe est net. Cet homme a été photographié sous un store blanc faisant office de diffuseur et, bien qu'éclatante, la lumière ne crée aucune ombre sur son visage.

LES GENS DANS LEUR ENVIRONNEMENT

On obtiendra souvent des portraits très satisfaisants en photographiant les gens dans leur environnement. En général, surtout dans les endroits très touristiques, ils se montreront plutôt réticents à figurer sur vos photographies. Si vous souhaitez cependant réaliser le portrait d'inconnus, demandez-leur toujours au préalable leur autorisation. Ceci pour plusieurs raisons :

- par politesse élémentaire. Si vous êtes aimable, votre interlocuteur ne se sentira pas agressé ;

- en apprenant que vous souhaitez qu'il soit le sujet principal de votre photographie, votre interlocuteur acceptera plus volontiers de se soumettre à vos demandes. C'est primordial car, même s'il se trouve dans un cadre intéressant, sa position précise n'est peut-être pas idéale et vous pourriez obtenir une meilleure composition en lui demandant de se déplacer, ne serait-ce que d'un pas. Certes, vous pouvez toujours rendre l'arrière-plan plus intéressant en vous déplaçant vous-même, mais en tournant autour du sujet, vous risquez de le déranger et de ne plus pouvoir bénéficier de sa coopération si, finalement, vous vous décidez à lui demander de se déplacer. Vous aurez ainsi perdu l'occasion de réaliser une bonne prise de vue ;

- si vous savez gagner la confiance du sujet, celui-ci peut vous faire découvrir un autre aspect de sa vie, aspect qui vous aurait échappé de prime abord et qui pourrait s'avérer plus intéressant encore que la scène d'origine ;

- quand vous aurez placé le sujet à l'emplacement souhaité, observez soigneusement la lumière tombant sur son visage. Le soleil crée-t-il des ombres déplaisantes sous les yeux et le nez ? Est-il situé derrière le sujet et provoque-t-il des lumières parasites dans l'objectif ? Dans les deux cas, n'hésitez pas à demander au sujet de se déplacer encore une fois.

• CI-DESSOUS Cette femme écalant des amandes sur le seuil de sa maison était complètement dans l'ombre intense. En installant un petit réflecteur portable à droite de l'appareil, on a obtenu une lumière réfléchie suffisante pour éclairer le sujet. Cette photographie illustre bien le problème d'une exposition erronée en raison d'un arrière-plan trop lumineux.

• CI-DESSOUS Cette photographie est un bon exemple de mise en confiance du sujet. Le magasin constituait une scène photogénique mais là où se tenait le couple, à l'intérieur, la lumière était insuffisante. Ils acceptèrent de sortir sur le seuil de la boutique, où la lumière était meilleure, mais quelque chose manquait encore pour obtenir une composition intéressante : ils furent d'accord pour suspendre des chapelets de saucissons autour de la porte et pour présenter un jambon. Une petite conversation amicale a permis d'obtenir une photographie qui n'aurait sinon pas existé.

• CI-DESSUS Les marchés, comme le souk d'Agadir, au Maroc, offrent d'innombrables occasions au photographe prêt à déclencher. Ce garçon conduisait son chameau à travers la foule se pressant autour des étals. L'arrogance typique de cet animal est soulignée par la petite taille du garçon. Dans un tel cas, n'hésitez pas à tourner autour du sujet pour obtenir la meilleure lumière. Les autres badauds situés à l'arrière-plan étant flous, ils ne détournent pas le regard du sujet principal.

À GAUCHE Bien que le point de vue soit lointain, ces deux gardes du musée des Beaux-Arts de Washington sont parfaitement conscients d'être photographiés. Leur présence souligne le caractère monumental de la sculpture en bronze qui se trouve derrière eux. Soyez toujours à l'affût de ce type de juxtaposition.

PAR TEMPS MÉDIOCRE

De mauvaises conditions atmosphériques ne devraient pas vous dissuader de réaliser des portraits. Parfois, elles pourront même les agrémenter. Avant de sortir votre appareil sous une pluie battante, prenez toutefois toutes vos précautions pour ne pas le mouiller : si la pluie s'infiltre à l'intérieur ou, pire, s'il tombe dans l'eau, les dommages seront probablement irréparables.

Si les nuages courent dans le ciel et sont ponctués de rayons de soleil fugaces, réglez très soigneusement l'exposition. Si le soleil brille quand vous effectuez la mesure de l'exposition et qu'à l'instant de la prise de vue il est masqué par un nuage, la photographie sera sous-exposée, et vice versa.

Recherchez un détail inhabituel qui animera vos photographies par temps médiocre et leur conférera un centre d'intérêt : une tache de couleur isolée ou un personnage solitaire dans un paysage sont autant d'éléments qui aviveront la grisaille.

• À GAUCHE Le photographe a su tirer ici le meilleur parti des mauvaises conditions atmosphériques : sous une pluie battante, des passants traversent en foule le pont Halfpenny à Dublin, abrités sous leurs parapluies. Deux grands parapluies aux couleurs vives contrastent dans une scène quasi monochrome. La prise de vue a été réalisée sous un porche, pour protéger l'appareil de la pluie.

• CI-DESSUS Par temps couvert, le regard est plus facilement attiré par une tache de couleur. Ce drapeau marque sur la plage la limite de la zone de baignade. Par coïncidence, ses coloris rouge et jaune étaient assortis aux cirés des enfants. Cela suffit à animer la plus grise des scènes. Soyez toujours à l'affût d'une photographie spontanée.

PROTÉGEZ VOTRE APPAREIL CONTRE LA PLUIE

- Si vous êtes accompagné par d'autres personnes, demandez-leur de tenir un parapluie au-dessus de votre tête. Sinon, recherchez un endroit abrité.
- Le parasoleil protège l'objectif contre la pluie. Si la lentille frontale est mouillée, essuyez immédiatement les gouttes de pluie avec un chiffon doux, pour que la photographie ne soit pas gâchée par des taches floues.
- Quand vous n'utilisez pas l'appareil, emballez-le dans un sac en plastique, pour le protéger de l'humidité.

• CI-DESSUS Ce portrait en gros plan d'une jeune femme sous la pluie battante illustre bien la possibilité d'obtenir une photographie vivante par mauvais temps. Son sourire éclatant et ses yeux rieurs expriment la gaieté, bien qu'elle soit trempée jusqu'aux os. Le gros plan met l'accent sur le sujet en supprimant l'arrière-plan morne. Un parasoleil protège l'objectif des gouttes de pluie.

• À DROITE La brume qui envahissait ce paysage estival accentue la solitude de l'enfant cherchant des coquillages. Le pont de chemin de fer traversant l'arrière-plan anime la composition. Si d'autres personnes avaient été présentes dans le cadre, elles auraient détourné l'attention de cette évocation d'un univers enfantin.

LES VACANCES

On prend davantage de photographies en vacances qu'à n'importe qu'elle autre époque de l'année. Les occasions de réaliser de bonnes prises de vue de membres de la famille ou d'amis sont à l'évidence plus nombreuses, sans parler de la découverte de paysages ou d'architecture nouveaux.

Avant de partir en vacances, achetez une grande quantité de films, vérifiez que tout votre matériel est en bon état et que les piles fonctionnent. Pour la plage, munissez-vous d'un sac en plastique pour protéger l'appareil et l'objectif contre le sable. Si la lentille frontale est couverte de sable, dépoussiérez-la en soufflant : n'essuyez jamais le sable avec un chiffon, ce qui rayerait définitivement l'objectif.

Si le soleil est éclatant, il peut créer des ombres déplaisantes sous les yeux : pensez à emporter un système d'éclairage portable pour les éclaircir : un flash ou un réflecteur qui éclairera par réflexion le visage du sujet. Au bord de la mer, les vastes zones de reflets peuvent induire en erreur le posemètre : effectuez si possible la mesure de la luminosité sur une zone neutre.

Soyez à l'affût de clichés spontanés. Même s'il s'agit de parfaits inconnus, cela peut faire d'excellentes images ; nombre de concours photographiques ont été remportés avec ce type de prise de vue.

Quel que soit votre lieu de vacances, une foire ou une fête y seront vraisemblablement organisées : tirez parti du pittoresque d'une telle manifestation : riche d'enseignements sur les coutumes et les traditions régionales, mais également source d'authenticité pour vos prises de vue.

• À GAUCHE Les jeunes enfants font de charmants sujets, comme ce garçonnet avec son seau. Réglez soigneusement l'exposition de vos prises de vue sur la plage, car la luminosité de l'eau et du sable, qui peut induire le posemètre en erreur, risque de se traduire par une sous-exposition.

• À DROITE Ces enfants gitans parcouraient l'Irlande en roulotte. Plutôt intimidés, ils ont accepté d'être photographiés à condition que l'on prenne aussi le cheval et la roulotte.

• CI-DESSOUS Bien que la jeune fille ait pris la pose, cette photographie forme un séduisant portrait de vacances. La ligne du mur blanc renforce la composition tout en contrastant avec le bleu de la piscine. Ce type de prise de vue requiert une grande rapidité d'exécution, afin que la séance de pose ne devienne pas une corvée pour l'enfant qui ne pourra masquer son ennui.

• CI-DESSOUS Durant la saison des vacances, diverses manifestations touristiques sont organisées plus ou moins spontanément un peu partout dans le monde. Soyez prêt à les photographier. Il est essentiel de pouvoir choisir le meilleur point de vue, sans toutefois ennuyer l'assistance. Sinon, brandissez l'appareil à bout de bras au-dessus de la foule et visez la scène : avec de la chance, vous obtiendrez une photographie intéressante !

• CI-DESSUS Cette photographie réalisée à partir d'un point de vue en hauteur illustre ce qu'on peut obtenir en recherchant un angle insolite. Vue d'en haut, l'eau est transparente ; le bateau ajoute une touche de couleur. Les deux garçons ignoraient qu'ils étaient photographiés : la spontanéité de cette prise de vue renforce son effet.

• À DROITE Cette image est typique de l'Anglais en vacances. Le photographe ne connaissait pas ce couple qui accepta cependant volontiers de se laisser photographier. La composition respire un humour bon enfant : ce n'est qu'en étant toujours prêt à photographier que l'on pourra capter une telle atmosphère.

Il est souvent très intéressant de photographier un enfant en compagnie de sa mère : c'est la personne la plus proche de lui, la plus apte à calmer son angoisse, à l'apaiser et à l'aider à tenir la pose.

Aiguisez votre regard de photographe pour découvrir le point de vue et l'éclairage les meilleurs vous permettant de montrer le lien unissant la mère à son enfant. Comme pour toute photographie de groupe, veillez à ce que la tête de la mère ne crée pas une ombre inopportune sur le visage de l'enfant.

Si vous travaillez à l'intérieur, essayez d'utiliser la lumière ambiante : le flash risque de détourner l'attention de l'enfant, voire de l'effrayer. S'il se révèle cependant nécessaire, adoucissez sa lumière autant que faire se peut, soit en l'orientant vers une surface réfléchissante – un plafond blanc, par exemple –, soit en l'atténuant par un diffuseur – papier-calque ou mouchoir. Veillez à ne pas sous- exposer la photographie : travaillez avec un posemètre indiquant précisément l'intensité de la lumière tombant sur le sujet. Si la mère et l'enfant sont installés à proximité d'une fenêtre, utilisez un réflecteur pour créer par réflexion un éclairage naturel.

Si vous travaillez en plein air, veillez à ce que ni l'enfant ni la mère ne prennent froid : outre que cela n'est guère agréable pour eux, les mains rouges et la goutte au nez ne sont pas véritablement photogéniques.

Avant tout, n'oubliez pas que la faculté de concentration d'un jeune enfant est très limitée dans le temps : vous devrez travaillez rapidement. À l'inverse, vous devrez parfois faire preuve de patience pour saisir au bon moment l'expression de l'enfant.

• CI-DESSUS Cette photographie a été réalisée en studio, en veillant à ce que l'éclairage ne projette pas une ombre de la mère sur l'enfant. En plaçant l'enfant derrière la mère, on a créé une atmosphère ludique. Efforcez-vous de réaliser des compositions enjouées, surtout dans les conditions artificielles du studio.

• À GAUCHE Cette photographie a été réalisée à contre-jour ; on a donc utilisé un réflecteur pour éclairer le sujet, créant ainsi un halo de lumière dans les cheveux tout en conférant à la composition son atmosphère estivale. En demandant au sujet de s'allonger dans l'herbe, on a souligné le caractère naturel des liens qui unissent la mère et l'enfant. Le point de vue surbaissé donne au spectateur l'impression de faire partie de l'image

• À DROITE En masquant la fenêtre avec un drap blanc, on a créé un arrière-plan très doux. La mère et l'enfant sont éclairés par un flash qu'atténue un diffuseur, ce qui a adouci davantage la lumière parfaitement adaptée à l'atmosphère du sujet. Ici, l'enfant était fasciné par le flash qui s'est révélé une diversion utile. L'emploi d'un téléobjectif de 100 mm a permis d'établir une distance confortable entre l'appareil et le sujet.

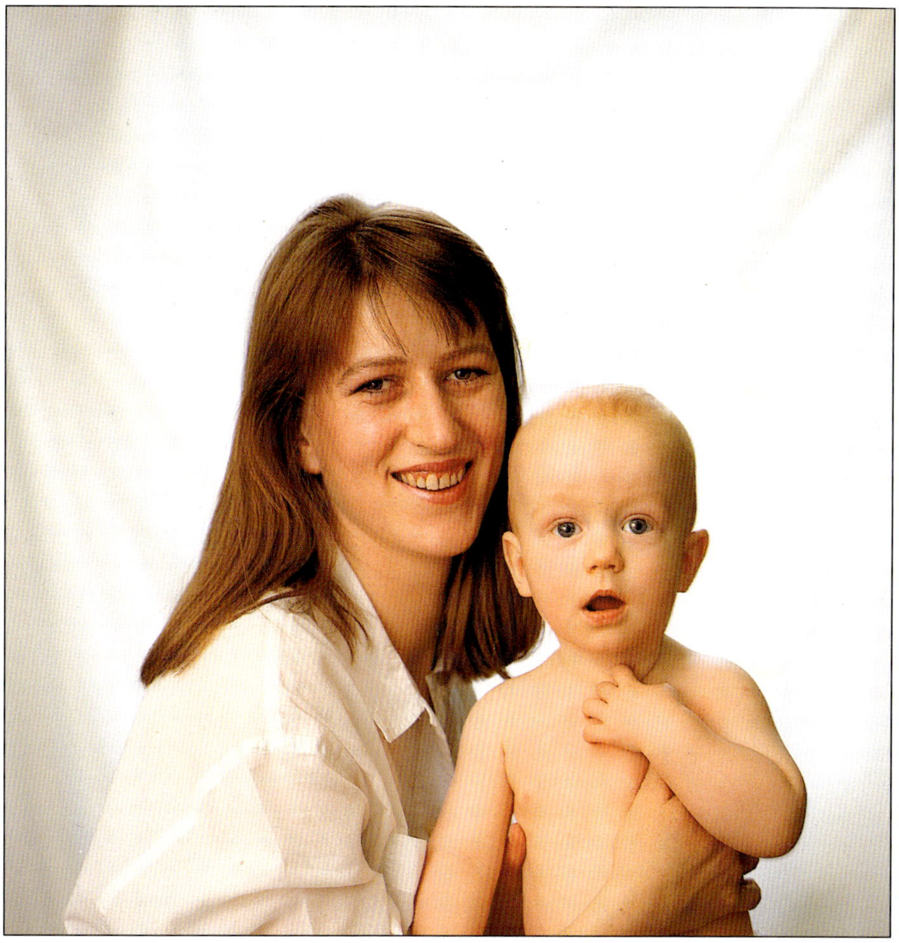

• À GAUCHE Ce très gros plan traduit l'intimité des liens qui existent entre cette mère et son enfant. La photographie étant réalisée par une froide journée d'automne, les deux personnages sont douillettement pelotonnés l'un contre l'autre. Dans une telle situation, veillez à ce que l'enfant ne prenne pas froid, car il risquerait de pleurer.

LES BÉBÉS ET LES PETITS ENFANTS

Les portraits de tout jeunes enfants plaisent autant aux parents et à la famille proche qu'à des gens qui ne les connaissent pas.

Tenez compte du fait que les jeunes enfants se fatiguent rapidement : vous devrez faire preuve de patience pour tirer le meilleur parti d'une séance de pose qui sera le plus souvent très brève ; et si l'enfant exprime son agacement, il vaudra mieux remettre la prise de vue à plus tard. Ne les accoutrez pas bizarrement : un enfant n'est pas un petit clown.

La lumière du jour constitue probablement le meilleur éclairage, ne risquant pas de détourner l'attention de l'enfant ni de l'effrayer. Le flash gêne souvent les enfants en bas âge.

Essayez de prévoir à l'avance les arrière-plans. Toute intrusion inopportune peut gâcher une composition par ailleurs excellente, et vous risquez de ne pas pouvoir déplacer le sujet. Comme dans le cas des portraits officiels, essayez de photographier l'enfant en activité – quand il joue, ou prend son bain.

Si vous photographiez de jeunes enfants en studio ou hors de leur environnement familier, mettez quelques jouets à leur disposition. Ils ne seront parfois guère réceptifs à vos exigences en termes de pose ; souvent, la seule façon d'obtenir d'un enfant une expression particulière, c'est de faire le clown.

Avec les enfants âgés de deux ans ou plus, l'usage d'un Polaroid pourra faciliter grandement la séance de pose : ils seront fascinés par l'image apparaissant instantanément, et celle-ci vous sera également utile pour vérifier l'exposition, l'éclairage et la composition.

• CI-DESSOUS Le bain, qui amuse souvent les enfants en bas âge, offre de nombreuses occasions de photographies naturelles. Celle-ci a été réalisée en se tenant au-dessus de la baignoire et en utilisant la lumière provenant d'une fenêtre ainsi qu'un objectif de longueur focale normale. En travaillant rapidement, on a obtenu plusieurs prises de vue excellentes en dérangeant le moins possible l'enfant.

• CI-DESSUS Cette fillette joue spontanément devant l'appareil, dans un studio que d'autres enfants auraient jugé intimidant. Plusieurs clichés ont été réalisés rapidement l'un à la suite de l'autre, chacun montrant une expression différente ; la scène était éclairée au moyen d'un flash à rechargement rapide. Il fut difficile d'effectuer un choix dans cette série : c'est finalement cette photographie qui a remporté la palme.

• À DROITE Ce portrait en gros plan donne toute son importance à l'expression de l'enfant. L'éclairage tamisé crée une impression de douceur. Il a fallu une bonne dose de gesticulations, de grimaces et de gazouillis de la part du photographe et des parents pour soutenir l'intérêt de l'enfant. Ne prolongez jamais outre mesure une séance de pose avec un enfant en bas âge : au premier signe d'énervement ou de tristesse, il vaudra mieux arrêter et recommencer plus tard.

• À GAUCHE Cette couverture crée un arrière-plan aussi intéressant qu'inhabituel. Soyez à l'affût d'éléments nouveaux, afin de varier une série de photographies effectuées durant une certaine période. Cette prise de vue a été réalisée à proximité d'une grande fenêtre, avec un réflecteur renvoyant sur le sujet la lumière pour créer un éclairage d'intensité relativement uniforme.

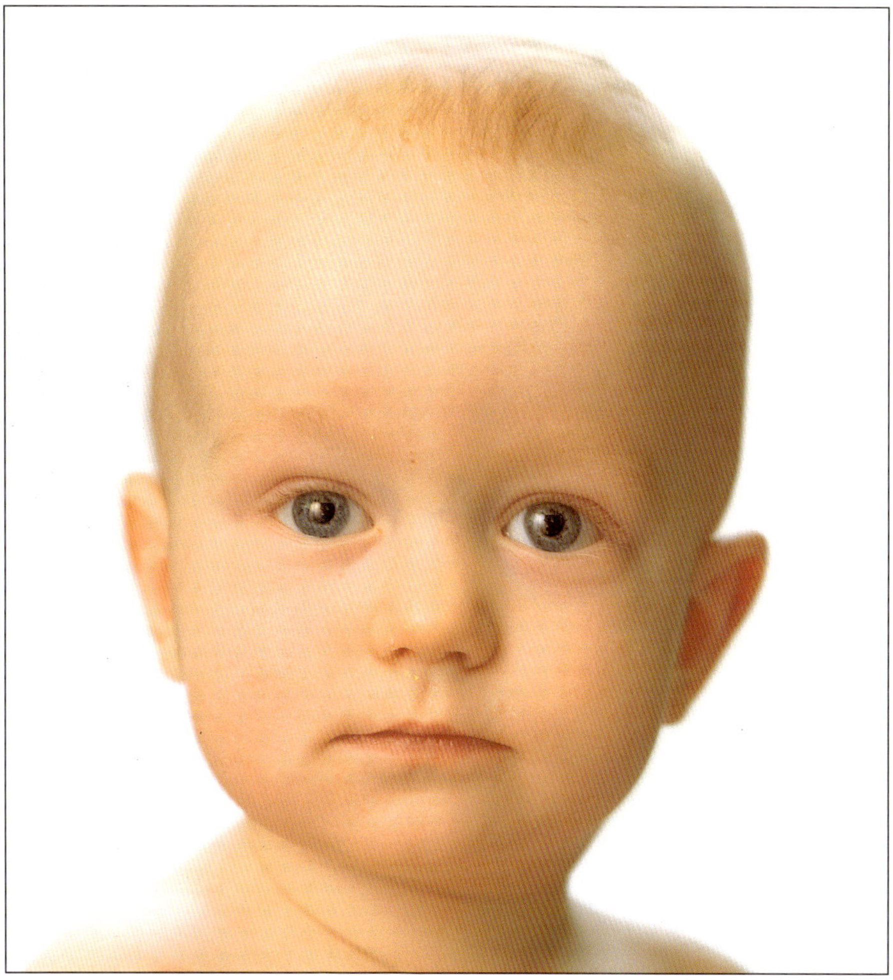

LES ENFANTS

Les enfants sont un sujet de photographie idéal, et ce pour plusieurs raisons. D'abord, ces images racontent l'histoire de leur vie à partir de leur naissance, constituant ainsi des archives visuelles de leur développement qui intéresseront non seulement leurs parents et leurs grands-parents, mais également eux-mêmes, plus tard, ainsi que leurs propres enfants. Même à l'époque de la généralisation du caméscope dans les foyers, rien ne saurait remplacer une photographie ayant saisi un instant fugitif de l'enfance. Enfin, la photographie offre la possibilité d'effectuer un nombre illimité de tirages qui pourront être envoyés aux amis ou aux parents.

Nul besoin de photographier le moindre geste de l'enfant, mais efforcez-vous de « mettre en boîte » les événements importants, comme les fêtes d'anniversaire. Cela constituera une fascinante succession d'images montrant l'évolution de l'enfant, et gardant le souvenir de ses amis.

Souvent, les meilleures photographies d'enfants sont prises sur le vif, alors qu'ils sont plongés dans une activité. Un téléobjectif moyen ou un zoom 80-200 mm seront très utiles en pareil cas, pour obtenir une composition rapprochée tout en conservant une certaine distance par rapport au sujet. Un film de sensibilité 200 ISO environ vous permettra de travailler dans des conditions de lumière moyennes, sans recourir au flash ni au trépied, qui peuvent distraire l'enfant et lui ôter sa spontanéité.

• À DROITE Les événements particuliers, comme les goûters d'anniversaire, offrent d'excellentes occasions au photographe. Cette scène est uniquement éclairée par la lumière des bougies disposées sur le gâteau. Avec un film de 400 ISO, l'exposition était tout juste suffisante pour ne pas utiliser de trépied. Si l'on avait employé un flash, l'ambiance aurait été différente, les bougies ayant perdu toute signification. La composition est ici également centrée sur le gâteau dont le partage a fait l'objet d'intenses débats.

• CI-DESSOUS Ce portrait de fillette a saisi une expression à la fois intimidée et charmante. La lumière chaude et le jaune de la robe créent un agréable contraste avec sa couleur de peau. Soyez toujours prêt à réaliser de tels instantanés.

• CI-DESSUS Les activités pratiquées par les enfants offrent maintes occasions de prises de vue. Bien que celle-ci ait été réalisée de près, la fillette n'était pas intimidée, mais contente au contraire d'être photographiée avec son poney.

• À DROITE Les enfants sont souvent entièrement absorbés dans leurs activités, telle cette fillette nourrissant des pigeons. On obtiendra de meilleures photographies en prenant du recul, afin de ne pas intimider le sujet. Le téléobjectif sera très utile dans ce type de situation, car il permet de cadrer le sujet en gros plan sans même qu'il s'en aperçoive. La patience est un autre atout.

LES ENFANTS ET LE JEU

Les enfants jouent naturellement : le jeu offre donc d'intéressantes occasions de photos prises sur le vif. Mais même si c'est son jeu favori, l'enfant peut s'en désintéresser d'un instant à l'autre : vous devrez faire preuve de rapidité pour saisir l'attitude la plus expressive.

À l'intérieur, en raison des impératifs de rapidité de la prise de vue, il vaudra mieux utiliser un flash. Son intensité dérangera peut-être l'enfant, mais s'il est plongé dans son activité, il est possible qu'il ne réagisse même pas, ou alors qu'il soit fasciné par celui-ci.

Sinon, travaillez avec un film sensible et à la lumière ambiante. Si vous photographiez en lumière artificielle, vous devrez équilibrer un film lumière du jour avec un filtre 80A pour ne pas obtenir une dominante orangée trop chaude. Il existe aujourd'hui de nouveaux types de films négatifs couleur de grande sensibilité et équilibrés pour la lumière artificielle, ainsi qu'un choix plus important de films inversibles couleur. Avec ces derniers, si vous effectuez d'autres prises de vue à l'extérieur, vous devrez nécessairement utiliser un filtre 85B pour équilibrer les couleurs et éviter une dominante bleue.

Envisagez différents angles de prise de vue ; un point de vue en hauteur donnera une image rapetissée, mais cet effet pourra se révéler intéressant. Si l'arrière-plan est inadapté, travaillez en gros plan pour l'exclure du cadre ou utilisez une grande ouverture pour le rendre flou. Si l'enfant est plongé dans son dessin ou sa lecture, cherchez à montrer sa concentration.

Si l'enfant est gêné par la prise de vue, arrêtez immédiatement ; en insistant, vous ne provoqueriez que des larmes, l'enfant risquant de ne plus se laisser photographier par la suite En réalisant quelques clichés Polaroid au début de la séance de pose, vous pourrez en général intéresser l'enfant qui sera plus patient lors de la prise de vue avec un film normal.

• À DROITE, AU CENTRE ET EN BAS À GAUCHE
Ces photographies ont été réalisées dans une crèche. Les enfants ont aimé être photographiés : c'était pour eux une nouvelle expérience. Les plus jeunes s'impatientent cependant rapidement, ne s'intéressant plus à la prise de vue après quelques instants.
La patience est en ce domaine le plus grand atout du photographe.

• CI-DESSOUS
Le ballon légèrement flou accentue l'impression de mouvement. La photographie a été réalisée au 1/125 de seconde : une vitesse plus rapide aurait figé le ballon et l'on aurait perdu l'impression d'action.

• CI-DESSOUS Parfois, les prises de vue les plus simples sont les plus réussies. Cette fillette assise sur son lit et entourée de ses peluches a été photographiée à la lumière du jour passant par une fenêtre et diffusée par un rideau de tulle.

• À DROITE La couleur joue un rôle décisif dans la gaieté d'un cliché. Ici, les couleurs primaires et le rouge du pull-over soulignent l'exaltation du jeu.

• CI-DESSUS Recherchez différents angles de prise de vue. En photographiant en plongée cette fillette, on a souligné sa petite taille. La lumière provient d'un flash.

• À GAUCHE En photographiant des enfants (ou toute autre personne) à l'extérieur, sous un soleil éclatant, faites attention aux ombres ainsi qu'à l'arrière-plan qui ne doit ni dominer la composition, ni paraître déplaisant ou inintéressant.

LES ADOLESCENTS

Si les très jeunes enfants s'impatientent souvent rapidement durant la séance de pose, les enfants plus âgés se montrent parfois très embarrassés par l'appareil photographique, surtout dans les premières années de l'adolescence. Il vaudra souvent mieux photographier les adolescents en groupe plutôt que seuls face à l'objectif.

Les adolescentes ont fréquemment une idée très précise de la façon dont elles souhaitent être photographiées. Demandez-leur comment elles désirent s'habiller et, le cas échéant, se maquiller.

Si vous photographiez à l'intérieur, choisissez l'arrière-plan : la prise de vue aura-t-elle lieu dans la chambre du sujet, devant des affiches ? est-il possible d'aménager un semblant de studio à la maison ?

Si vous photographiez à l'extérieur sous un soleil éclatant, faites attention aux ombres sur le visage et travaillez le cas échéant avec un flash d'appoint. Une lumière à contre-jour créera une ambiance plus romantique. Utilisez un réflecteur pour éclairer le visage.

Si vous photographiez des garçons, ceux-ci se sentiront souvent plus à l'aise si vous les laissez poursuivre leurs occupations : construction d'une maquette, réparation d'un vélo ou pratique d'un instrument de musique, objets qui feront tous d'intéressants accessoires.

Avec les adolescents, les filles comme les garçons, veillez à ne pas vous exprimer sur un ton condescendant, ce qui créerait une très mauvaise ambiance. Demandez-leur quels sont leurs intérêts et parlez-leur d'égal à égal.

Dans le cas d'un groupe d'adolescents, il est parfois difficile d'obtenir d'eux qu'ils prennent immédiatement la pose souhaitée. Placez-les de sorte qu'aucun membre du groupe ne se trouve dans l'ombre d'un autre.

Expérimentez divers angles de prise de vue et objectifs, et n'hésitez pas à outrepasser certaines règles. Les résultats en vaudront souvent la peine.

• CI-DESSUS Ces enfants étaient en vacances : les plus âgés se taquinaient les uns les autres, mais acceptèrent enfin de se regrouper pour prendre la pose. On a veillé à ce qu'aucun d'entre eux ne masque un autre.

• À GAUCHE Cette photographie, réalisée dans la chambre des deux jeunes filles, fait partie d'une série les représentant en train de se déguiser. Entre deux prises de vue, elles étaient occupées à s'habiller, ce qui leur a permis de suggérer la façon dont elles souhaitaient être photographiées. Il est fondamental de traiter les adolescents d'égal à égal.

• À DROITE Cette adolescente est éclairée par la lumière de la fenêtre de sa chambre. Photographiée dans son cadre familier, elle s'est montrée très détendue dès le début de la séance de pose. En ayant effectué la mise au point sur ses yeux, on a rendu l'arrière-plan flou afin que les affiches ne détournent pas le regard du sujet principal.

LES GROUPES

Très souvent, les photographies de groupe comportent quelqu'un qui regarde dans la mauvaise direction, ferme les yeux ou fait un geste inopportun, voire une grimace. Vous devrez faire appel à tout votre savoir-faire de photographe pour obtenir de chacun des membres du groupe qu'il prenne la pose souhaitée au moment opportun. L'astuce consiste à trouver un compromis entre la jovialité et l'autorité. Bien sûr, vous ne pourrez pas toujours diriger un groupe à votre guise : vous devrez alors trouver le meilleur angle de prise de vue, attendre le bon moment, et probablement vous déplacer pour obtenir le meilleur éclairage.

Dans certaines circonstances, il sera avantageux de photographier les gens sans qu'ils s'en aperçoivent,

• À GAUCHE En incluant dans la composition le feuillage du premier plan, on a obtenu un cadrage naturel. Les auditeurs du concert renforcent également l'intérêt du sujet. Ces détails contribuent à attirer le regard vers le sujet principal, l'orchestre jouant sous le kiosque à musique.

• À GAUCHE Cette photographie a été prise dans un sauna de Moscou. Ces hommes ayant accepté d'être photographiés, ils se sont pliés très volontiers aux directives du photographe. On a utilisé un flash pour renforcer l'éclairage ambiant. L'appareil étant fixé sur trépied, la prise de vue a été effectuée avec un déclencheur souple, ce qui a permis d'observer plus précisément les expressions ainsi que les gestes des membres du groupe et de leur demander d'adopter les poses souhaitées. Le style architectural du lieu – évoquant davantage une église gothique qu'un sauna – crée une certaine incongruité.

• À GAUCHE Ces cinq hommes ont été photographiés à l'occasion d'un barbecue organisé dans un ranch d'Arizona. Ils n'ont montré aucune inhibition à l'idée d'être photographiés. Soyez toujours à l'affût de situations spontanées, mais prenez soin d'éliminer du cadre tout détail inopportun.

mais s'ils découvrent vos intentions, cela pourra les contrarier et les inciter à fuir l'appareil. Mais si les gens savent qu'on est en train de les photographier, ils prendront volontiers la pose selon vos indications. Si vous travaillez à l'intérieur, vous pourrez plus aisément demander au groupe d'adopter l'attitude souhaitée. Examinez soigneusement les caractéristiques de chaque membre du groupe et choisissez les plus intéressants pour les placer au premier plan ou dans une position dominante.

Si le groupe est très nombreux, placez chaque personne ou adoptez un point de vue de sorte qu'aucune ne masque une autre et décidez si certaines doivent être assises plutôt que debout. Dans une telle situation, il sera avantageux de fixer l'appareil sur un trépied et d'utiliser un déclencheur souple : vous pourrez alors placer chacun selon votre idée et observer plus facilement le résultat qu'avec l'œil collé au viseur. Si vous optez pour cette méthode et pour le réglage automatique de l'exposition, vous devrez masquer le viseur. La plupart des appareils sont pourvus d'un bouton actionnant un écran de fermeture du viseur, empêchant toute lumière parasite de pénétrer par le viseur dans l'appareil, ce qui risquerait de perturber le mécanisme d'exposition automatique et de provoquer une sous-exposition de l'image.

• À DROITE Ces joueurs de cartes et d'échecs étaient installés sur une terrasse dominée par un parking. Ce point de vue a été découvert par hasard, mais le photographe a su en tirer le meilleur parti. Bien que les joueurs aient été conscients de la présence du photographe, ils étaient trop absorbés par le jeu pour s'en soucier. Dans un groupe aussi nombreux, il est inévitable qu'une personne regarde dans la mauvaise direction ou fasse un geste inopportun : comme il était impossible de leur demander de prendre la pose, le photographe a effectué plusieurs prises de vue successives.

LES PERSONNES ÂGÉES

Il est souvent très satisfaisant pour un photographe créatif de travailler avec des personnes âgées. Leur ancienne vie active a fréquemment déteint sur leurs traits : par exemple, une personne qui aura travaillé toute sa vie à l'extérieur montrera un visage plus ridé, à la peau plus tannée, que celui d'un employé de bureau. Ce sont précisément de telles caractéristiques physiques qui contribuent à l'intérêt des photographies de ce type.

Le photographe devra faire preuve de tact et de sensibilité à l'égard d'une personne plus toute jeune, non seulement en termes de composition, mais aussi en raison de la fatigue que peut provoquer une longue séance de pose éclairée au flash. Dans le cas d'une personne plus fragile, interrompez fréquemment la séance de pose et travaillez autant que faire se peut en lumière ambiante.

Non seulement les personnes âgées sont intéressantes par elles-mêmes, mais elles peuvent aussi être entourées d'objets rassemblés durant toute une vie, ou porter un uniforme résumant leur existence, comme c'est le cas de l'ancien combattant figurant sur cette double page.

Si le sérieux est de mise en ce qui concerne la photographie de conditions d'existence médiocres ou de la maladie, n'hésitez pas à rechercher un élément humoristique dans les autres cas : humour ne signifie pas vexation ni condescendance. Vous pourrez plus facilement photographier une personne âgée en entamant une conversation avec elle : soyez patient.

Recherchez différents points de vue ou des détails significatifs, comme les mains. Le noir et blanc, qui offre de plus grandes possibilités expressives, sera parfois préférable à la couleur.

• CI-DESSUS Ces deux hommes ont été photographiés sur la terrasse d'un café en Italie. Comme ils n'étaient pas intimidés par l'appareil, le photographe a pu explorer plusieurs angles de vue. Ils furent ravis de se voir offrir une photographie Polaroid, ce qui les rendit plus réceptifs aux directives du photographe. Avec un téléobjectif moyen de 100 mm, l'arrière-plan est légèrement flou, ce qui attire l'attention sur leurs visages.

• À GAUCHE Cette photographie a été réalisée à partir d'un point de vue en hauteur, car l'on souhaitait montrer la plus grande partie de cette pièce relativement petite. Cette dame est la dernière survivante d'un groupe d'écrivains britanniques, le groupe de Bloomsbury, auquel appartinrent des auteurs comme T. S. Eliott ou Virginia Woolf. Elle est entourée de souvenirs du groupe.

• CI-DESSUS Les vêtements des personnes âgées reflètent souvent leur mode de vie, comme le chapeau et le manteau pittoresques de cet ancien combattant. Son visage, qui exprime un fort tempérament, est éclairé par un soleil voilé. Si le sujet porte des lunettes, faites attention aux reflets, surtout si vous travaillez au flash.

• À DROITE Soyez toujours à l'affût d'une photographie humoristique, mais évitez toute image qui pourrait être considérée comme humiliante ; le sens de l'humour étant universellement partagé, nous saurons tous découvrir l'aspect comique d'une photographie subtilement amusante.

LES INSTANTANÉS

• CI-DESSOUS Soyez à l'affût de toute photographie spontanée de ce type : la femme penchée vers l'avant et l'enfant créent un contraste humoristique, le visage de la femme demeurant caché, afin de préserver son anonymat et de ne pas l'humilier. Grâce au téléobjectif de 300 mm, le photographe est resté très éloigné du sujet.

Un instantané est une photographie qui montre le sujet dans une attitude naturelle alors qu'il n'est le plus souvent pas conscient de la présence du photographe. Pour obtenir un bon instantané, il est impératif de conserver systématiquement à portée de main votre appareil chargé d'un film de sensibilité moyenne – 200 ou 400 ISO –, car les conditions d'éclairage n'étant pas nécessairement optimales, vous n'aurez pas toujours le temps de préparer votre flash. Celui-ci est en outre peu discret !

Après avoir effectué un instantané, et si le sujet demeure à sa place, envisagez la possibilité de réaliser une seconde prise de vue sous un autre angle, qui pourrait être plus intéressant que le premier ; si la personne s'en va, il vous restera toujours le premier cliché. Dans ce type de situation, l'objectif idéal sera probablement un zoom 80-300 mm, car il autorise le recadrage rapide de la composition, l'élimination de tout détail inopportun et la prise de vue d'une certaine distance sans avoir à changer d'objectif. Votre présence demeurera discrète : le sujet ne sera pas intimidé et conservera toute sa spontanéité. En matière d'instantané, c'est souvent l'aspect, le geste ou la position du sujet qui déterminent l'intérêt de la prise de vue.

Un appareil muni d'un posemètre TTL, de préférence avec une mesure ponctuelle, constituera un atout : la mesure de l'exposition sera effectuée sur le visage du sujet et le ton de sa peau. Si le sujet est placé devant un mur blanc ou un arrière-plan lumineux, une mesure moyenne de l'exposition risque de se traduire par une sous-exposition du cliché.

• À GAUCHE Ce vieil homme lisait tranquillement. Après une première prise, le photographe a découvert un meilleur point de vue offrant une composition plus harmonieuse, la rangée de pots de fleurs et l'arrière-plan renforçant l'intérêt visuel. Ne pensez jamais avoir réalisé une photographie parfaite avant d'avoir épuisé toutes les possibilités.

• À GAUCHE De prime abord, on croit voir un homme lisant son journal, mais on découvre qu'il s'agit d'un mannequin. Un tel trompe-l'œil apporte une nouvelle dimension à l'instantané.

• CI-DESSUS La réussite de cet instantané s'explique-t-elle par le fait que l'on ne s'attend pas à voir un prêtre aux courses ? Celui-ci était si absorbé par le choix du vainqueur de la prochaine course qu'il n'a pas remarqué le photographe, pourtant proche de lui.

• CI-DESSUS Après un verre de trop, cet homme s'est endormi sur le capot de sa voiture. De tels instantanés s'offrent en abondance au photographe sur le qui-vive.

• À DROITE Même quand le sujet semble n'avoir pas conscience de la présence du photographe, un second coup d'œil permet d'affirmer le contraire. Ce garçonnet photographié sur un marché tunisien paraissait endormi, mais en fait il regarde la scène à travers ses yeux mi-clos.

LE GROS PLAN

La photographie n'est pas limitée aux portraits en pied ou en buste. Bien d'autres parties du corps se prêtent à la réalisation de compositions intéressantes – images évocatrices ou sensuelles, ou études de caractère telles que des mains noueuses ou une peau sillonnée de rides.

La plupart des objectifs standard ne permettent pas d'obtenir un véritable gros plan : un système de macrophotographie sera souvent nécessaire – bague-allonge, soufflet-allonge, ou objectif macro. Il existe des objectifs macro que l'on fixe comme un filtre à l'extrémité de l'objectif principal, mais la qualité de l'image en est médiocre. Certains téléobjectifs permettent d'obtenir d'excellents gros plans. Quel que soit le système choisi, la profondeur de champ demeure très réduite.

L'exécution de ce type de photographie requiert une stabilité parfaite de l'appareil : l'utilisation d'un trépied est conseillée, car les bagues et les soufflets-allonges réduisent la quantité de lumière pénétrant dans l'objectif, ce qui induit des temps de pose très importants, d'autant plus qu'on devra travailler avec une très petite ouverture, pour bénéficier de la profondeur de champ maximale. En photographiant à la lumière ambiante avec un diaphragme fermé à f22 ou f32, une exposition d'une seconde, voire davantage, sera souvent nécessaire. Le sujet devra rester immobile, ce qui pourra poser certaines difficultés.

Si vous éclairez un gros plan au flash, faites attention aux ombres ; ce qui semble acceptable à quelque distance pourra paraître laid vu de près et dominer la composition ; comme l'appareil est placé à proximité du sujet, veillez à ce qu'il ne provoque pas lui-même une ombre inopportune sur la zone photographiée.

Après le développement du film, envisagez un tirage de grand format : ces photographies bien plus grandes que nature pourront revêtir une étonnante qualité sculpturale et abstraite.

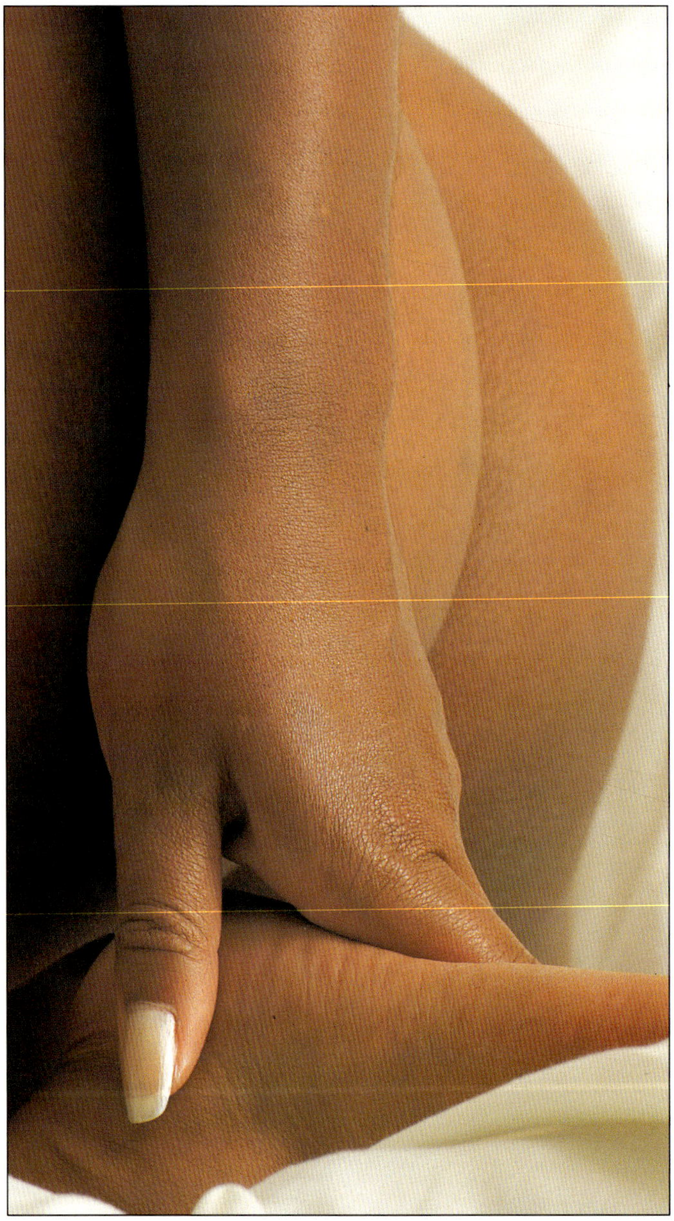

• À DROITE Cette photographie a été réalisée avec un objectif macro. Les pieds du sujet surgissent d'un drap blanc qui les met en valeur. Le sujet est éclairé avec un flash muni d'un réflecteur doux diffusant sa lumière. L'angle de vue crée un effet sculptural.

• À GAUCHE En photographiant en gros plan la main du modèle, son propre corps constituant l'arrière-plan, on a créé une image très sensuelle. Cette composition illustre le fait que l'on peut obtenir un gros plan sans objectifs ni accessoires spéciaux. Le photographe a utilisé en l'occurrence un objectif 100 mm positionné le plus près possible du sujet.

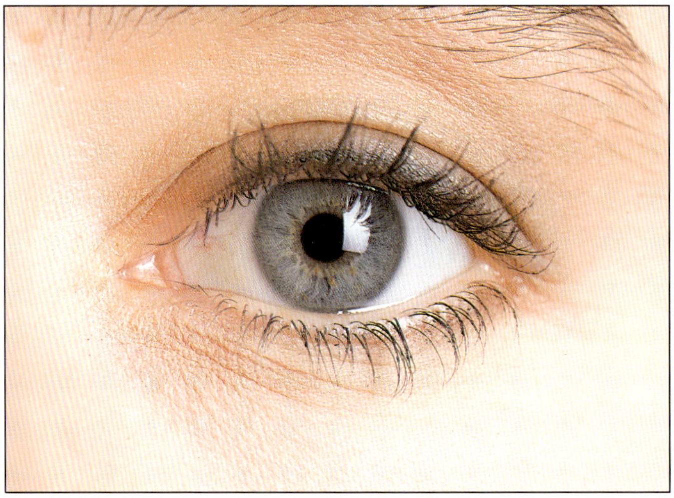

• À GAUCHE Cette photographie a été réalisée en associant des bagues-allonges à un objectif macro, l'œil du modèle étant situé à environ 5 cm (2 po) de la lentille frontale. Il a fallu fixer l'appareil sur un trépied et soutenir la tête de la jeune femme. La composition est éclairée au flash : même avec une ouverture de f22, la profondeur de champ est quasi inexistante.

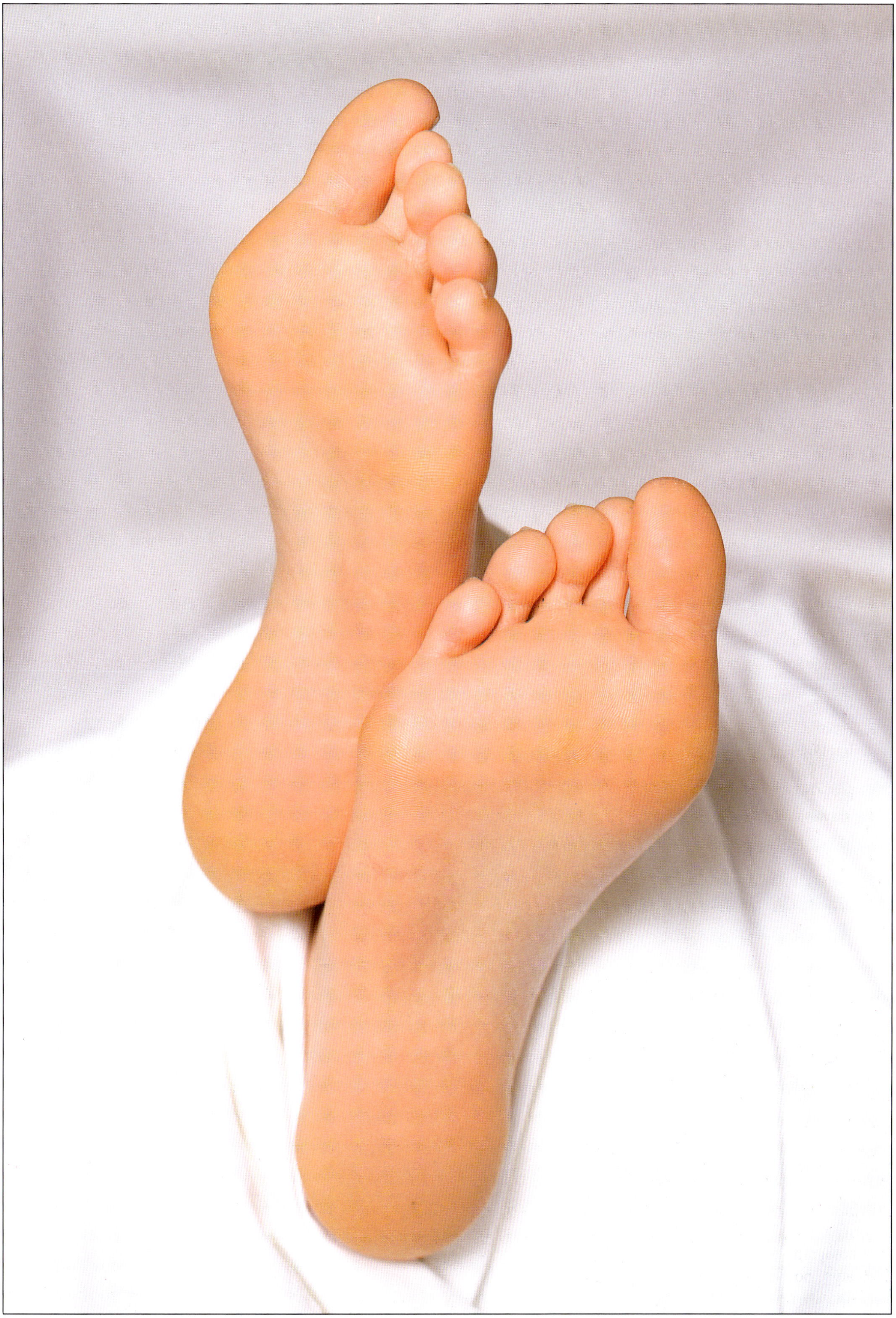

LES TECHNIQUES DU « HIGH-KEY » (VALEURS CLAIRES) ET DU « LOW-KEY » (VALEURS SOMBRES)

Il ne faut pas confondre les photographies en « high-key », qui se caractérisent par leurs tons regroupés essentiellement dans les valeurs claires, avec les photographies dites à haut contraste dont les tons se répartissent vers les deux extrêmes de la gamme des tons, sans tons intermédiaires. À l'inverse, les images en « low-key » montrent une gamme de tons répartie dans les valeurs sombres ; de même, on ne les confondra pas avec les images dites à bas contraste qui présentent une gamme des tons restreinte, le plus souvent en raison d'une sous-exposition.

Pourquoi utiliser le « low-key » ou le « high-key », alors que l'on obtient si aisément des photographies offrant une gamme des tons complète ?

Les images en « high-key » revêtent souvent un aspect très romantique, parfois éthéré. Si l'arrière-plan d'une composition se révèle inintéressant ou inopportun, on pourra l'atténuer en surexposant la photographie : cela créera une lumière parasite autour du sujet, mais même ce type d'effet,

• À GAUCHE Cette photographie en « low-key » a été réalisée en studio, à l'aide d'un unique éclairage disposé sur le côté et légèrement en arrière du modèle. Un réflecteur placé en face de ce dernier, sur la gauche, éclaire les détails de son visage. La fumée de la cigarette est visible car elle est éclairée à contre-jour : si la lumière provenait de l'avant, les volutes seraient à peine perceptibles.

• À GAUCHE Dans cette photographie en « high-key », le sujet placé devant un fond blanc baigne dans une lumière douce et diffuse. Le filtre flou vissé sur l'objectif accentue le caractère romantique de la composition.

• CI-DESSUS Bien que cette fillette porte un pull-over aux couleurs en demi-teintes, les tons se répartissent pour l'essentiel dans les valeurs claires. Sa chevelure, éclairée à contre-jour par le soleil, renforce l'aspect en « high-key » de la photographie. Un réflecteur renvoie la lumière sur son visage.

utilisé avec précaution, peut se révéler très créatif. Les photographies en « high-key » permettent d'exprimer la fraîcheur, une qualité virginale, voire l'innocence du nouveau-né.

À l'inverse, les photographies en « low-key » peuvent traduire l'isolement et la solitude ou déterminer une ambiance particulière.

En studio, la manière la plus simple d'obtenir un « low-key » consiste à travailler avec une lumière dite de détourage. L'éclairage est positionné légèrement derrière le sujet, ce qui crée un effet de halo du côté d'où provient la lumière. Un réflecteur ou un éclairage d'appoint donneront assez de valeurs à la partie du visage plongée dans l'ombre. Il en résultera une image aux tons très sombres, où le sujet demeure cependant visible.

• À GAUCHE Ce bébé a été photographié en studio sur un fond constitué d'un rouleau de papier blanc masquant la jonction du mur et du sol. Un grand réflecteur doux a été utilisé pour créer une image en « high-key » aux valeurs claires très prononcées.

LE NOIR ET BLANC : PORTRAITS EN EXTÉRIEUR

Les portraits en noir et blanc, réalisés à l'extérieur, peuvent constituer des images fortes. La maîtrise de la lumière n'est cependant pas totale.

En travaillant en lumière ambiante, l'obtention d'un éclairage efficace demande quelque réflexion. Si l'on utilise un flash indépendant, sa lumière peut être dirigée là où on le souhaite. Si le soleil crée des ombres sur le visage du sujet, plusieurs choix s'offrent à vous : déplacez le sujet dans une zone ombragée où la lumière est plus uniforme, ou bien utilisez un flash d'appoint pour adoucir les ombres.

Si vous travaillez à contre-jour, vous pouvez également utiliser un réflecteur pour renvoyer la lumière sur le visage du sujet. S'il semble, au contraire, qu'une silhouette serait plus évocatrice, effectuez la mesure de l'exposition sur la lumière provenant de l'arrière du sujet.

En travaillant à l'extérieur, même si la lumière est intense, il pourra être intéressant d'utiliser un film plus sensible que celui qu'on aurait normalement choisi dans ces circonstances, afin de renforcer le contraste et le grain, comme le montre la photographie d'adolescents ci-contre.

Recherchez systématiquement de nouveaux angles de vue, surtout si vous photographiez des groupes. Rien n'est plus ennuyeux qu'une rangée de personnes alignées dans une posture rigide.

Souvenez-vous que les films noir et blanc, à la différence des films couleurs, ne sont pas affectés par les différences entre les sources d'éclairage. Que vous travailliez en lumière artificielle – tungstène ou néon – ou en lumière du jour, l'unique facteur important, c'est l'intensité de l'éclairage.

• À GAUCHE Dans la rue, soyez toujours prêt à réaliser un portrait inhabituel ou spontané, comme celui de ce garçonnet se cachant derrière son ballon. Seul le photographe à l'affût, équipé d'un appareil chargé et prêt à être utilisé, pourra capturer de tels instants.

• À DROITE En demandant à ces cinq fillettes de s'allonger par terre et de regarder en haut, vers l'appareil, on a obtenu cette composition au point de vue très inhabituel. N'hésitez pas à rechercher des angles originaux. Si le photographe s'était allongé par terre et avait photographié le groupe en contre-plongée, il aurait obtenu un effet analogue.

• À GAUCHE L'arrière-plan d'un portrait peut se révéler très significatif. Ici, il nous donne un indice concernant la profession du sujet pêcheur. Le noir et blanc a donné du grain à la photographie.

• CI-DESSUS Les silhouettes créent un effet spectaculaire. Le frère et la sœur ont été photographiés devant l'entrée d'une grotte. En réglant l'exposition sur l'arrière-plan, on a sous-exposé les personnages, ainsi que la grotte elle-même qui détermine le cadrage.

• À GAUCHE On a laissé ce groupe de jeunes gens se placer à sa guise. Le choix du film : de sensibilité 1 600 ISO, a donné un grain qu'accentue l'aspect quelque peu menaçant des personnages.

LE NOIR ET BLANC : PORTRAITS À L'INTÉRIEUR

La réalisation de portraits en studio offre, en noir et blanc comme en couleurs, une maîtrise complète de l'éclairage. En ce qui concerne le noir et blanc, recherchez des éclairages se traduisant par une bonne gamme des tons, ou bien un éclairage directionnel créant un effet inhabituel.

Si le choix de l'exposition adéquate est aussi fondamental en noir et blanc qu'en couleur, le développement et le tirage des épreuves en chambre noire offre une plus grande marge de modification de l'image finale : on pourra procéder, sous l'agrandisseur, au maquillage et au masquage, procédés qui consistent à atténuer les ombres ou les zones sous-exposées du négatif, et à renforcer les lumières hautes et les zones surexposées.

Dans le cas d'une prise de vue en studio, réfléchissez au préalable à l'effet souhaité. Cela inspirera confiance au modèle vous observant installer d'une main sûre éclairages et matériel.

• CI-DESSUS Les magasins spécialisés commercialisent des rouleaux de papier servant de toile de fond, aux dimensions standardisées de 3 m × 11 m (10 pieds × 36 pieds) et disponibles en divers coloris. Accroché au plafond ou au mur, le papier peut être déroulé sur le sol, créant ainsi un arrière-plan uniforme sur lequel on placera le sujet.

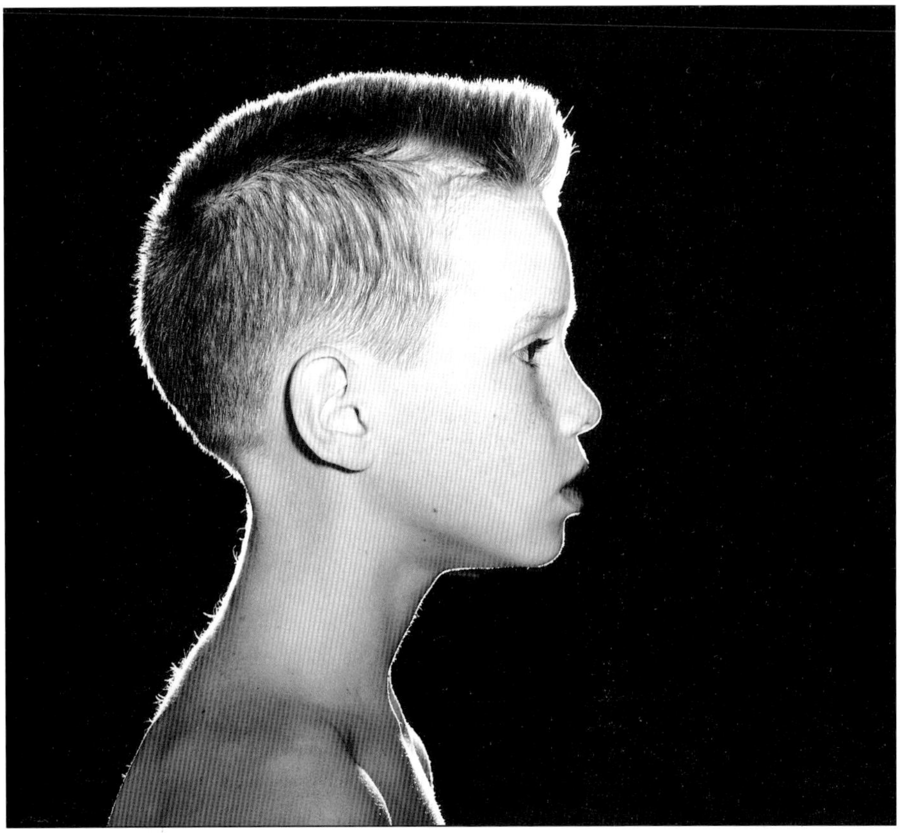

• À GAUCHE Un éclairage pourvu d'un coupe-flux cylindrique a été placé derrière la tête du jeune garçon et dirigé sur son profil gauche. Le mince rayon de lumière obtenu grâce au coupe-flux crée un détourage lumineux de la tête. Le profil droit est éclairé par une lumière moins directionnelle. Le sujet est placé devant une toile de fond noire.

• À GAUCHE EN HAUT Le travail en studio offre une maîtrise complète de l'éclairage et de la composition. Les possibilités sont infinies, comme le montrent ces trois illustrations. Ici, le groupe a été placé pour attirer l'attention sur celui qui les mène. L'éclairage principal provient de la droite ; un éclairage d'appoint, moins intense, a été placé à gauche : ce type d'éclairage modèle les visages. Si les deux éclairages avaient été de la même intensité, des ombres entrecroisées seraient apparues sur les visages, atténuant le relief des traits.

• À GAUCHE AU MILIEU En disposant l'éclairage principal en face du groupe, en contrebas et en le pointant vers le haut, on obtient un effet inquiétant. En installant les éclairages de studio, vérifiez systématiquement le résultat en revenant au point de vue de l'appareil.

• À GAUCHE EN BAS En surélevant le point de vue et en regardant le groupe vers le bas, on obtient un angle différent. Que vous photographiiez un groupe ou une personne seule, recherchez systématiquement des points de vue et des éclairages nouveaux. Les possibilités sont infinies.

L'APPRENTISSAGE DE L'UTILISATION DES ÉCLAIRAGES

Explorez les effets que détermine sur un visage un éclairage unique. Si celui-ci est placé à une hauteur moyenne selon un angle de 45 degrés par rapport au visage, les ombres tombent entre le nez et la moitié de la lèvre supérieure, ce qui crée un effet relativement naturel. Si l'éclairage est placé directement en face du visage mais plus haut que ce dernier, on obtient des ombres intenses sous les yeux, le nez et le menton. Un éclairage placé sous le visage et dirigé vers le haut crée un effet fantomatique. La pratique et l'observation des ombres portées vous permettront d'obtenir rapidement le style souhaité. Dès lors que vous maîtriserez les éléments fondamentaux de l'éclairage, il ne vous restera plus qu'à faire appel à votre imagination.

LE MONTAGE POLAROID

Si le film Polaroid permet d'obtenir d'excellents portraits instantanés, il sera intéressant de se lancer dans divers essais, comme le montage de plusieurs épreuves Polaroid. Le peintre David Hockney a donné ses lettres de noblesse à cette technique, exposant nombre d'œuvres réalisées selon ce procédé dans les plus grandes galeries d'art contemporain.

L'exécution d'un montage Polaroid représente davantage qu'une façon novatrice de construire une image intéressante : c'est un bon exercice d'observation. Prenons par exemple une conversation entre deux personnes : à tout moment, on sait que l'interlocuteur est entièrement présent, mais l'œil n'en voit qu'un élément très circonscrit. En déplaçant son regard du visage vers les pieds, on cadre une image entièrement différente ; on a conscience de la présence de la tête, mais celle-ci devient floue, comme intégrée à l'arrière-plan, n'étant plus le centre d'intérêt principal. Comparez cette situation à un portrait en pied de la même personne : chaque partie de son corps est présent et net, mais le tout ne correspond pas à ce que le regard aura observé durant la conversation. Même si le portrait est excellent, il lui manque quelque chose d'essentiel.

En construisant une image à l'aide d'une série de photographies Polaroid, on composera un portrait évoquant comme une succession de rapides coups d'œil. Il ne s'agit pas de chercher à obtenir une image aux éléments parfaitement assemblés les uns aux autres : le montage montre qu'il existe des façons de voir plus fidèles à la réalité qu'un portrait traditionnel ; il reflète la vision elle-même.

• À GAUCHE De prime abord, cette image ressemble à un portrait traditionnel d'un sujet assis sur un canapé, découpé par un grillage aux mailles rectangulaires. Mais une observation attentive montre en fait que chaque image de la grille est prise d'un point de vue légèrement différent. Par exemple, la moquette et les objets posés par terre sont vus d'en haut. Un observateur se tenant face au canapé aurait conscience du sol tout en regardant le sujet, ou le tableau accroché au-dessus de ce dernier. Mais pour voir précisément le sol, il faudra nécessairement baisser la tête pour l'observer en plongée à partir d'un point de vue différent, tel que celui-ci.

• CI-DESSUS Aucune des images composant ce portrait n'est parfaitement alignée, mais ce montage décrit plus précisément chaque trait du visage du modèle. En observant ce portrait dans son ensemble, certaines images semblent ne pas s'accorder aux autres, trahissant la forme conventionnelle d'un portrait en gros plan. Songez cependant à une conversation : le regard de l'interlocuteur sélectionne successivement divers éléments visuels, les yeux, puis la bouche, ou un grain de beauté demeuré jusqu'à présent inaperçu. Le monde n'est pas perçu comme un tout, mais comme une succession d'informations fragmentaires.

LE CHOIX DES PHOTOGRAPHIES

Combien de fois avez-vous subi l'épreuve que représente la présentation par vos amis de leurs photographies de vacances, agrémentée de commentaires du genre : « Ici, on peut voir une partie de l'église dont je t'ai parlé, à l'arrière-plan », ou « Celle-ci est un peu floue, mais on reconnaît Jean » ? Toutes leurs photographies ne seront pas aussi mauvaises, mais ils n'auront pas suffisamment réfléchi à celles qui auraient dû être impitoyablement éliminées, clichés ratés ou inintéressants. Noyée dans une masse de clichés médiocres, une excellente photo perdra toute sa force.

Examinez les photographies publiées dans les magazines. Les quelques illustrations figurant dans une double page auront été choisies parmi plusieurs rouleaux de film dans le travail de plusieurs photographes de presse.

En examinant vos photographies, rejetez d'abord celles qui présentent des erreurs d'exposition. Ensuite, comparez les différentes prises de vue d'un même sujet : choisissez-en une ou deux acceptables. Si d'autres constituent des points de vue rapprochés du sujet, préférez celles présentant les détails les plus intéressants. Après ce premier tri, envisagez la possibilité d'améliorer au tirage telle image, en la recadrant et en supprimant certains éléments de la composition.

S'il est relativement aisé de choisir les meilleurs tirages dans une série de photographies de vacances, une plus grande attention est requise dans le cas d'une série de portraits ou de photos de studio : les conditions de prise de vue ayant été parfaitement maîtrisées, il est vraisemblable que toutes les épreuves soient techniquement correctes. Vous devrez sélectionner celles qui montrent le sujet sous son aspect le plus flatteur ou le plus saisissant.

Ne croyez pas que l'élimination d'un si grand nombre de photographies soit du gaspillage : vos meilleurs tirages seront appréciés à leur juste valeur, et les personnes photographiées seront heureuses de se voir sous un aspect avantageux.

• CI-DESSUS Cette photographie, tirée quasiment plein cadre, a été sélectionnée dans le tri initial pour montrer une composition en légère plongée.

• À DROITE On a demandé au tireur de modifier l'angle du cadre-margeur de l'agrandisseur, afin d'incliner légèrement le sujet dans le cadre.

• EN HAUT À DROITE Ici, on a demandé au tireur de recadrer à l'agrandissement le sujet en gros plan.

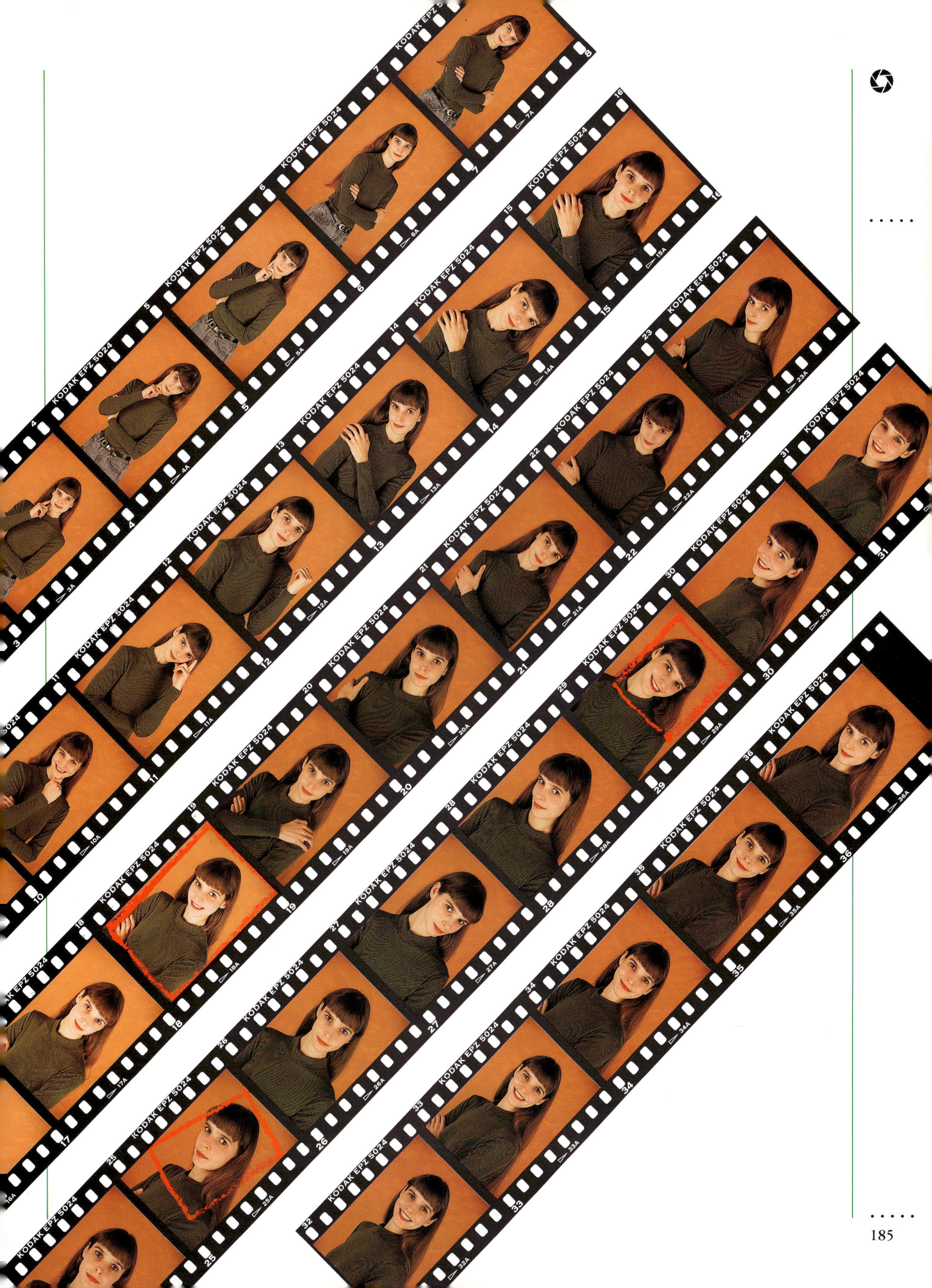
KODAK EPZ 5024

Perfectionnez votre technique

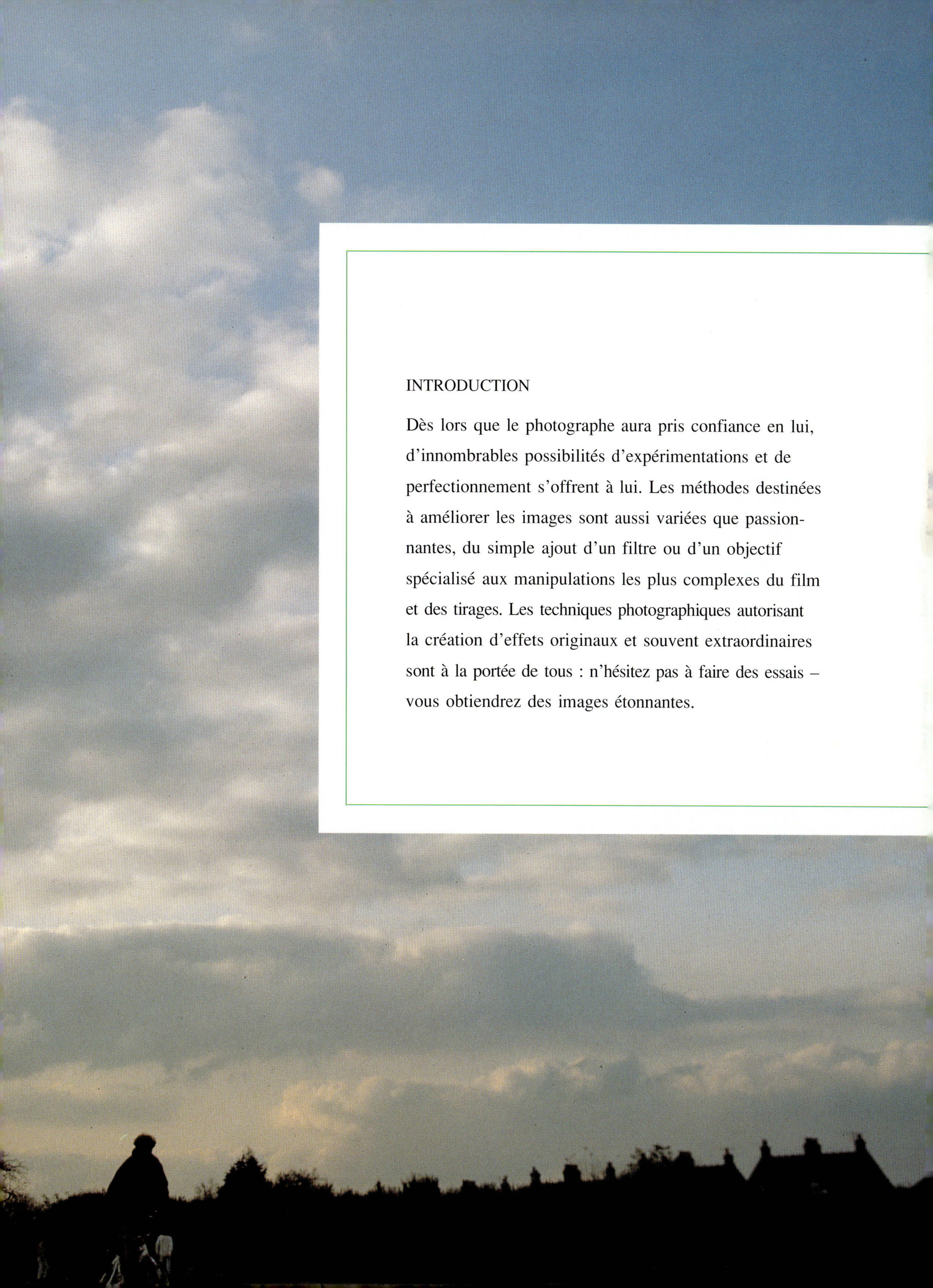

INTRODUCTION

Dès lors que le photographe aura pris confiance en lui, d'innombrables possibilités d'expérimentations et de perfectionnement s'offrent à lui. Les méthodes destinées à améliorer les images sont aussi variées que passionnantes, du simple ajout d'un filtre ou d'un objectif spécialisé aux manipulations les plus complexes du film et des tirages. Les techniques photographiques autorisant la création d'effets originaux et souvent extraordinaires sont à la portée de tous : n'hésitez pas à faire des essais – vous obtiendrez des images étonnantes.

Après avoir sélectionné vos photographies, vous devrez choisir la meilleure façon de les présenter.

LES TIRAGES

Si vous avez réalisé vos prises de vue sur un film négatif, vous obtiendrez des tirages sur papier. De nombreux types d'album sont disponibles dans le commerce : les modèles traditionnels dans lesquels les épreuves sont fixées par des coins ou, dans le cas des modèles plus récents, par une feuille de plastique transparent rabattue sur la photographie et qui la maintient en place sur la page.

Les classeurs à spirale, disponibles en divers formats, seront destinés aux photographies particulières, recadrées, agrandies, voire aux coloris modifiés par virage ; les épreuves, elles, sont montées sur du carton et glissées dans des pochettes transparentes qui constituent une forme de présentation véritablement professionnelle. Il est également possible de plastifier les photographies : elles sont insérées entre deux couches de plastique scellées à chaud – transparente du côté de l'image, noire au revers. Les épreuves sont ensuite rangées dans des portfolios conçus à cet effet. L'avantage de ce type de présentation, c'est qu'il peut convenir à des tirages de formats divers.

LES DIAPOSITIVES

Celles-ci peuvent être tirées sur papier, mais il existe également d'autres façons de les présenter. On peut les insérer une à une dans des montures noires qui sont ensuite glissées dans des pochettes en plastique transparent. Ces montures sont adaptées à tous les formats. On pourra les ranger dans des tiroirs spécialement conçus.

Outre les montures individuelles, il existe des montures pour groupe de diapositives, conçues par exemple pour 24 ou 4 diapositives selon le format. Dans tous les cas, les diapositives montées doivent être visionnées sur une table lumineuse.

Les diapositives peuvent également être destinées à la projection : elles sont alors serties dans une monture rigide. Les projecteurs les plus perfectionnés sont pourvus de magasins linéaires ou circulaires dans lesquels sont rangées les diapositives et qui servent, le cas échéant, de rangement permanent. Un mécanisme du projecteur extrait automatiquement la diapositive du magasin, puis la glisse dans son logement après projection. Certains projecteurs sont munis d'une télécommande. Les professionnels utilisent fréquemment plusieurs projecteurs synchronisés avec une bande son diffusant de la musique et un commentaire. Certains diaporamas, réalisés parfois avec plus de soixante projecteurs synchronisés par ordinateur, constituent de véritables spectacles.

Le transfert des photographies sur CD-ROM constitue un nouveau mode de présentation. Les photographies sont enregistrées sur un disque compact qui nécessite un lecteur spécial branché sur le poste de télévision, de la même manière qu'un magnétoscope. À l'heure actuelle, un tel disque contient une centaine d'images qui peuvent être visionnées dans n'importe quel ordre et accompagnées par une bande son enregistrée sur le même disque compact. Il est possible de visionner un agrandissement de telle zone de l'image, ou de panoramiquer horizontalement ou verticalement. On pourra obtenir dans les magasins spécialisés un tirage papier des photographies enregistrées sur disque. Cette nouvelle technique offre des possibilités extraordinaires : il sera possible de transférer sur un seul disque des images provenant de plusieurs disques différents, pour

Classeur pour tirages papier

constituer par exemple des archives visuelles de vos enfants. Ces progrès sont étonnants, mais quand on se rappelle qu'il n'y a pas vingt ans la vidéo était quasiment inconnue du grand public, on comprend que les nouvelles technologies deviennent la norme.

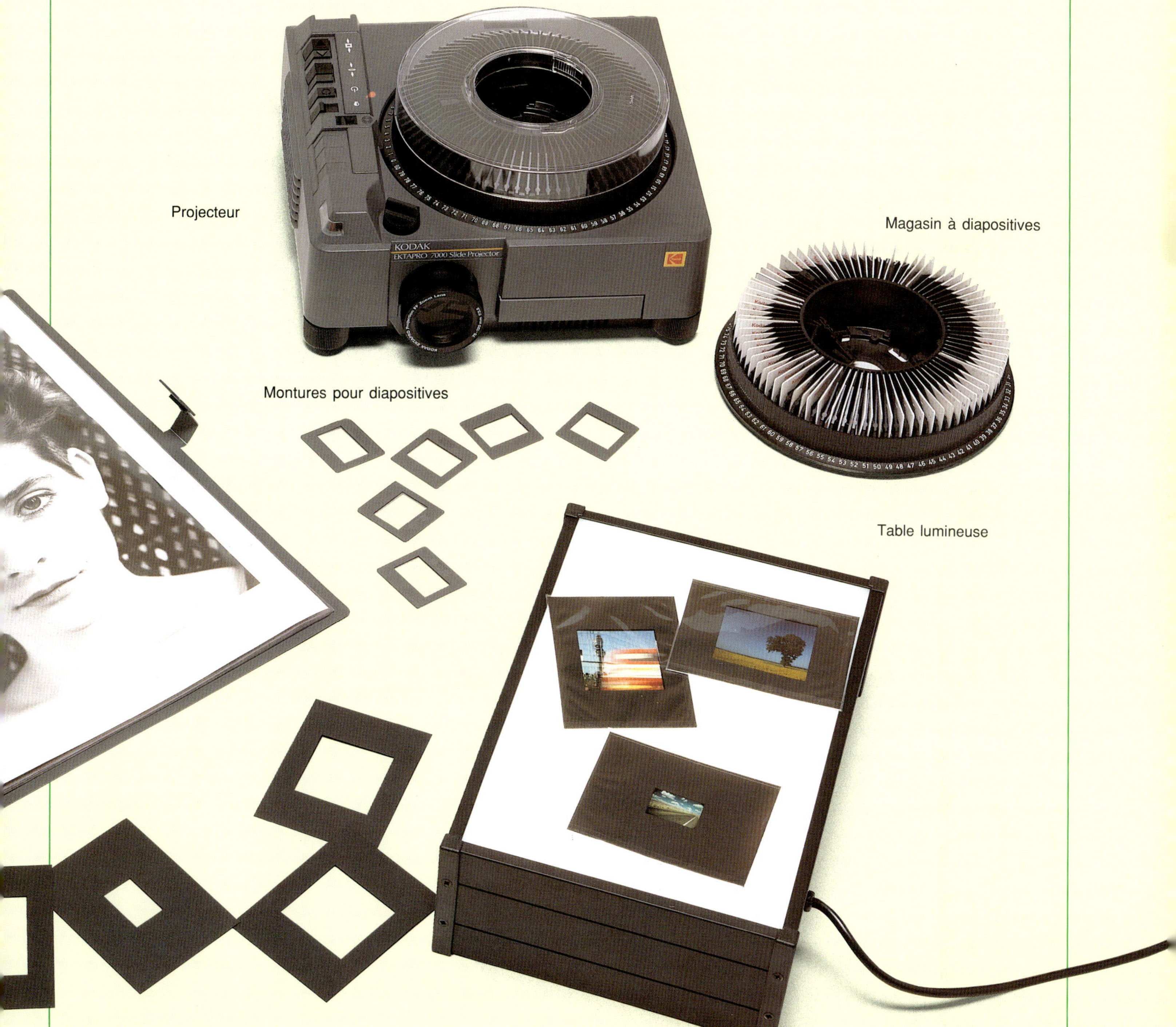

LES FILMS SPÉCIAUX

Les films spéciaux pourront être utilisés non seulement dans les conditions de prise de vue pour lesquelles ils sont conçus, mais aussi comme moyen d'accroître la créativité du photographe.

Par exemple, si l'on utilise en lumière du jour un film conçu pour les prises de vue en lumière artificielle, on obtient des photographies caractérisées par une dominante bleutée. Parfois, cette dominante peut créer un aspect nocturne ou, si le film est légèrement surexposé, une image dure, un peu décolorée – effet souvent exploité en photographie de mode. Si l'on utilise en lumière artificielle un film pour lumière du jour, on obtient une dominante orangée qui pourra elle aussi être exploitée de manière créative, surtout si le film est légèrement surexposé. Dans les deux cas, faites preuve d'imagination et n'hésitez pas à expérimenter de nouveaux effets.

Les films infrarouges donnent des images aux couleurs étranges. Le film infrarouge noir et blanc crée par exemple un effet nocturne même si la prise de vue a été effectuée en plein jour. Les résultats étant imprévisibles, vous devrez effectuer de nombreux essais avant d'obtenir de bons résultats, bien que le hasard puisse parfois bien faire les choses. Mais le traitement des films infrarouges peut se révéler problématique, car il requiert un procédé chimique dit E4, alors que tous les laboratoires ordinaires utilisent le procédé E6. Il sera parfois difficile de dénicher un laboratoire équipé pour l'ancien procédé. L'un des principaux débouchés du film infrarouge étant la photographie médicale, le laboratoire photographique d'un grand hôpital pourra peut-être vous renseigner.

Les films de très grande sensibilité permettent également d'obtenir des effets spéciaux : ils donnent des images extrêmement contrastées et au grain très important, effet que l'on renforcera encore en poussant le film. Les films de 1 600 ISO peuvent être poussé jusqu'à 3 400 ISO, voire davantage.

• À GAUCHE On a utilisé ici un film pour lumière du jour de 64 ISO. Après détermination de l'exposition, on a délibérément fermé l'ouverture de trois diaphragmes par rapport à la mesure optimale. La composition semble plongée dans la nuit, bien que la prise de vue ait été effectuée à midi, en pleine lumière. Le sujet, déguisé pour le carnaval, est éclairé au flash, de sorte que lui seul est correctement exposé.

• À DROITE La même idée a été développée davantage. Cette photographie a également été réalisée en plein jour, avec un film lumière artificielle de 50 ISO, sous-exposé de deux diaphragmes, ce qui a créé le bleu nuit du ciel. Pour obtenir une exposition correcte du modèle, on a utilisé un flash ainsi qu'un filtre 85B placé devant le flash, non devant

• À GAUCHE Le film infrarouge produit des résultats inattendus dont la maîtrise requiert une certaine expérience. Les feuillages et l'herbe semblent magenta. À une autre heure de la journée, ou sous un autre éclairage, le résultat aurait été très différent.

• CI-DESSOUS En poussant à 3 400 ISO un film de 1 600 ISO et en travaillant avec la lumière ambiante provenant d'une fenêtre, on a obtenu un portrait au grain important mais très évocateur. Si vous poussez un film, vous devrez bien évidemment en avertir le laboratoire de traitement, car la durée du développement doit être allongée.

LES OBJECTIFS À DÉCENTREMENT

L'objectif à décentrement, dit de correction de perspective, est un accessoire très utile. Les chambres sont pourvues d'un corps avant mobile, sur lequel est fixé l'objectif, que l'on peut déplacer verticalement et latéralement ou incliner verticalement et horizontalement. Dans le cas des appareils reflex et de certains appareils de moyen format, il existe des objectifs que l'on peut décentrer, voire incliner, verticalement et horizontalement. Les objectifs à décentrement adaptés aux reflex 35 mm ont en général une focale de 28 mm ou 35 mm.

En travaillant avec un objectif à décentrement pour photographier un bâtiment élevé, au lieu d'incliner l'appareil vers le haut pour cadrer le bâtiment en entier, on déplace l'axe de l'objectif par rapport au plan du film, l'axe de l'appareil demeurant horizontal : l'objectif est décentré vers le haut tout en demeurant parallèle au film. Le bâtiment s'inscrit maintenant entièrement dans le cadre de la composition, mais on constate une importante différence : avec un objectif ordinaire et en inclinant l'appareil vers le haut, les lignes verticales convergent vers le haut ; dans le cas d'un objectif à décentrement, aussi longtemps que l'axe de l'appareil demeure horizontal, toutes les verticales de l'image restent parallèles.

Même en photographiant des objets aux verticales moins prononcées, des distorsions peuvent résulter de l'inclinaison de l'appareil, parfois nécessaire pour éliminer du cadre des éléments inopportuns, tel un premier plan peu photogénique. Dans ce cas, en conservant l'appareil horizontal, l'objectif à décentrement autorise la suppression des zones de l'image situées en bas, en haut, à gauche ou à droite du cadre sans causer de distorsion visuelle.

Avant de vous décider à acquérir un objectif à décentrement, il sera toutefois préférable d'en louer un auprès d'un magasin spécialisé pour tester ses possibilités.

• CI-DESSUS Afin d'éviter le phénomène de convergence des verticales dans cette photographie de Banqueting House, à Londres, l'axe de l'appareil devait être horizontal. Avec un objectif normal, on aurait perdu dans la composition une grande partie du magnifique plafond peint par Rubens, mais inclus une plus grande zone du parquet, relativement inintéressant. Grâce à un objectif à décentrement, on a intégré dans la composition davantage de plafond et moins de parquet.

• À DROITE Les reflets peuvent se révéler problématiques dans le cas d'objets présentant des surfaces miroitantes. C'est le cas de cette automobile : les reflets du photographe et de l'appareil risquaient d'apparaître dans la composition. La solution a consisté à se placer vers un côté de l'objet et à utiliser un objectif à décentrement dont l'axe est déplacé horizontalement, de sorte que le sujet demeure au centre de la composition.

• En utilisant un objectif ordinaire, il a fallu incliner l'appareil vers le haut afin d'intégrer l'ensemble du bâtiment dans la composition. En raison de la convergence des verticales, la tour semble penchée.

• Afin de conserver le parallélisme des verticales, le plan du film doit être parallèle au plan de la façade, ce qui signifie que l'axe de l'appareil doit demeurer horizontal ; par conséquent, le sommet de la tour n'a pu être inclus dans la composition.

• Ici, l'axe de l'appareil est toujours horizontal, mais on a décentré vers le haut l'objectif à décentrement : la tour est désormais entièrement incluse dans la composition, et les verticales demeurent parallèles.

LES OBJECTIFS « FISH-EYE »

Parmi tous les objectifs existants, le « fish-eye » (« œil de poisson » ou très grand-angle) est rarement une priorité du photographe amateur, son utilisation étant limitée et son prix onéreux. Mais il pourra se révéler très efficace dans certaines situations.

Il sera préférable d'en louer un auprès d'un magasin spécialisé et de l'essayer avant d'en faire l'acquisition. C'est seulement si vous estimez que vous en avez vraiment l'usage que vous pourrez en envisager l'achat.

En regardant pour la première fois dans le viseur d'un reflex équipé d'un « fish-eye », on est amusé de découvrir le monde selon un angle de vision de 180 degrés. Les objets semblent déformés à outrance ; on se laissera facilement emporter par le comique de visages photographiés en gros plan avec un tel objectif, mais utilisé à bon escient, un « fish-eye » peut produire des images étonnantes. L'art de l'utilisation du « fish-eye » c'est de l'exploiter pour obtenir des compositions paraissant ne pas avoir été photographiées avec cet objectif. Le point de vue et le cadrage du sujet doivent être choisis très soigneusement pour obtenir le meilleur effet.

En raison de son angle de vue très important, ce type d'objectif ne peut être utilisé avec un parasoleil. Il demeure possible de travailler avec certains filtres spéciaux, mais non avec des filtres dégradés, se vissant à l'arrière de l'objectif.

L'utilisation éventuelle d'un flash peut également se révéler problématique. Un flash même équipé d'un accessoire spécifique aux très grands angles, ne peut éclairer une zone supérieure à l'angle de vue d'un objectif 28 mm, ce qui demeure modeste par rapport au « fish-eye ». Si l'on doit éclairer la scène au flash, il faudra alors utiliser au moins deux, voire trois ou quatre têtes de flash.

• CI-DESSUS On a utilisé quatre flashes pour éclairer de manière satisfaisante ce plafond de salle d'apparat. La symétrie de la composition crée une énigme architecturale.

• CI-DESSOUS Comme la salle dę lecture à coupole du British Museum, le vélodrome olympique de Moscou se prête naturellement à l'utilisation d'un objectif « fish-eye ». Les virages incurvés aux deux extrémités ressemblent à ce qu'ils sont en réalité, sans distorsion inopportune. Les panneaux du plafond contribuent à renforcer la puissante perspective.

• CI-DESSUS Voici un excellent exemple de l'utilisation d'un objectif « fish-eye ». Sous sa coupole, la salle de lecture du British Museum se caractérise par ses tables rayonnant à partir du centre. En conservant horizontal l'axe de l'appareil, on a intégré dans la composition la superbe coupole de même que l'essentiel du sol. Les lignes courbes de la salle s'harmonisent avec les distorsions dues à l'objectif, de sorte que cette photographie semble avoir été réalisée avec un objectif grand-angle ordinaire.

• À GAUCHE Cette photographie exécutée avec un « fish-eye » du haut du dôme de la cathédrale de Florence, en Italie, offre une étonnante vue panoramique. La partie du dôme inclue au premier plan dirige le regard vers le réseau des rues en contrebas et, au-delà, vers la campagne toscane.

LES ZOOMS

Avec leur longueur focale variable, les zooms offrent la possibilité de ne pas changer d'objectif. Si l'on possède deux zooms, on pourra obtenir avec un seul changement d'objectif toute la gamme des longueurs focales, du grand-angle de 28 mm au téléobjectif de 300 mm. La qualité de l'image n'est pas aussi parfaite que celle d'un objectif à focale fixe, mais cette très légère déperdition ne sera remarquée que par l'œil le plus critique.

Nombre de zooms sont désormais compatibles avec les systèmes de mise au point automatique, vérifiez les caractéristiques du zoom pour éviter tout problème ultérieur.

Outre qu'il permet de réaliser des prises de vue sous une longueur focale donnée, le zoom peut également être actionné durant l'exposition pour créer un effet intéressant, le *zooming*. Ce procédé requiert un temps de pose relativement long, le 1/8 de seconde par exemple, pour rendre apparent le mouvement ; on obtient un motif de lignes rayonnant à partir du centre de la composition. En zoomant du grand-angle au téléobjectif, l'effet est inversé. Cette technique, qui est efficace quand le sujet présente d'importantes lumières hautes ou des couleurs intenses dessinant un motif net, crée une impression de mouvement, comme si le sujet photographié sortait du cadre. En raison de la faible vitesse d'obturation, l'appareil sera fixé sur un trépied. Si quelques essais seront vraisemblablement nécessaires pour maîtriser l'effet de *zooming,* on obtiendra rapidement des résultats acceptables. Comme tous les autres effets spéciaux, celui-ci devra être utilisé avec parcimonie.

• CI-DESSUS Dans cette photographie conventionnelle d'un jeune homme à bicyclette, le sujet a été délibérément placé devant un arrière-plan aux couleurs vives.

• CI-DESSUS Ici, le sujet est toujours dans la même position, mais on a choisi une vitesse d'exposition de 1/8 de seconde et, durant celle-ci, on a actionné le zoom jusqu'à la moitié de sa longueur focale : on a obtenu des lignes colorées rayonnantes et créé une impression de vitesse.

• À DROITE Le jeune homme conserve la même position, mais on a « zoomé » durant la prise de vue de 80 mm à 300 mm : le sujet semble rouler à toute vitesse.

• CI-DESSUS Les enseignes au néon constituent un excellent sujet pour le *zooming*. Voici d'abord la photographie conventionnelle...

• À GAUCHE... et là, le *zooming*.

L'UTILISATION DES OBJECTIFS MACRO

Si les accessoires ne sont pas absolument nécessaires, ils offrent cependant de nouvelles possibilités créatives, notamment ceux destinés à la macrophotographie. Il en existe plusieurs sortes.

Le moins onéreux, c'est l'objectif macro qui se fixe sur l'objectif standard de l'appareil, mais dont les images ne sont pas d'une excellente qualité. En utilisant un objectif de ce type sur un reflex mono-objectif, la mise au point et le cadrage se révèlent relativement aisés mais, avec un appareil à télémètre, il faudra mesurer très précisément la distance du sujet et se référer à la table de correction de mise au point fournie avec l'objectif. Le viseur étant inutilisable, il faudra déterminer la composition au jugé.

Certains reflex peuvent être équipés d'une bague d'inversion qui permet de monter l'objectif à l'envers, ce qui autorise la mise au point sur des objets plus rapprochés. Mais l'objectif n'étant pas conçu pour être utilisé à l'envers, l'image ne sera pas de qualité optimale.

La seule méthode véritablement satisfaisante, c'est d'utiliser des bagues-allonges ou un soufflet-allonge, ou encore un objectif conçu pour la macrophotographie. Les bagues ou le soufflet se fixent entre le boîtier et l'objectif. Les bagues-allonges, ordinairement livrées par groupe de trois, s'utilisent isolément ou ensemble. Avec certains objectifs, elles permettent d'obtenir un rapport de grandissement de 1 :1, ce qui signifie que l'image a les mêmes dimensions que l'objet photographié. Le principe de fonctionnement du soufflet-allonge est identique, mais celui-ci peut coulisser d'avant en arrière, ce qui permet d'obtenir un rapport de grandissement variable.

L'objectif macro est, quant à lui, conçu pour travailler sans accessoire supplémentaire, bien que certains peuvent également être utilisés avec une bague ou un soufflet-allonge, pour obtenir un rapport de grandissement plus important encore.

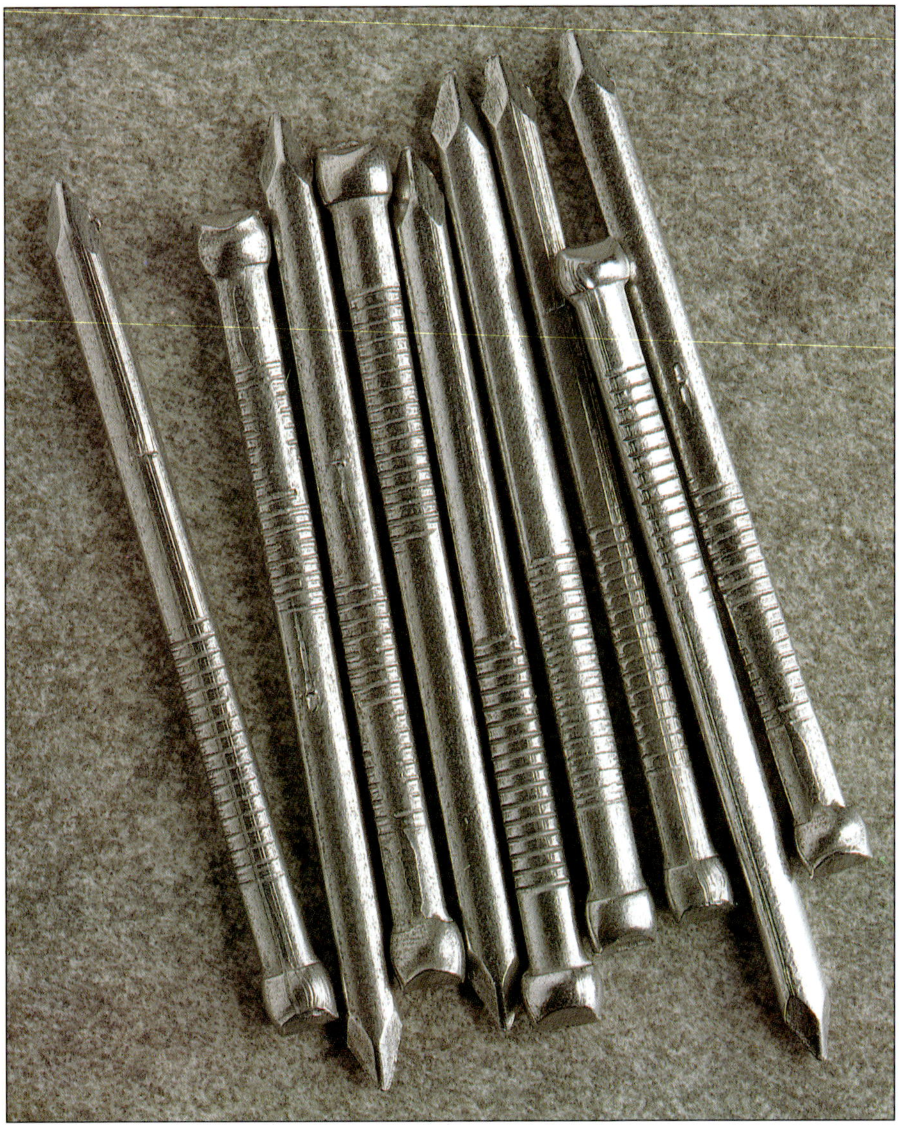

• CI-DESSUS Ces deux petites feuilles ont été photographiées avec un objectif macro fixé sur des bagues-allonges. Le rapport de grandissement est de 1 : 1. On a en outre utilisé un filtre de flou, les feuilles étant éclairées avec un flash pourvu d'un diffuseur très doux. Un tel rapport de grandissement implique un accroissement considérable du temps de pose.

• À GAUCHE Cette photographie a été réalisée avec un objectif macro réglé en position de rapport de grandissement presque maximale. Le problème du travail en macro, c'est la profondeur de champ qui, pour les rapports de grandissement maximum, est quasiment inexistante, comme le montre cette composition. Quand les clous de 6 cm (2 1/2 po) sont parfaitement nets, l'arrière-plan, 3 mm (1/8 po) plus loin, est flou.

• CI-DESSOUS Cette rondelle de citron a été photographiée sur une assiette bleue dont le vernis est flou, malgré l'utilisation d'une ouverture minuscule – à f45 – en raison de la très faible profondeur de champ. L'important rapport de grandissement et le petit diaphragme impliquent un temps de pose très long. L'appareil devra toujours être fixé sur un trépied et il est conseillé d'utiliser un déclencheur souple. Si l'appareil dispose d'un système de blocage du miroir en position relevée, actionnez-le avant de déclencher l'obturateur, car la moindre vibration provoquée par le déplacement du miroir se traduira par un bougé. Il est également essentiel que le sujet ne subisse pas la moindre vibration.

LES FILTRES SPÉCIAUX

De tous les accessoires disponibles, les filtres sont les moins onéreux, et pourtant ces simples objets que l'on visse devant la lentille frontale, parfois derrière l'objectif, peuvent modifier radicalement l'aspect d'une image. Il existe un nombre considérable de variétés de filtres. Comme pour tous les accessoires, tenez compte de quelques points importants pour obtenir des résultats satisfaisants.

Certains filtres réduisent la quantité de lumière passant à travers l'objectif à un point tel qu'il sera nécessaire de choisir un temps de pose plus long. Si votre appareil est pourvu d'un posemètre TTL, la détermination de l'exposition ne posera aucun problème, mais avec d'autres types d'appareils, vous devrez procéder à un réglage manuel. Les fabricants précisent généralement le coefficient de filtre, c'est-à-dire le facteur de correction d'exposition que requiert un filtre.

Un filtre vissé sur un objectif grand-angle peut créer un vignetage : c'est-à-dire que les angles du cadre sont obscurcis par la bague de monture du filtre incluse dans l'angle de vue de l'objectif. Ce phénomène intervient dans le cas d'objectifs grand-angle de longueur focale inférieure ou égale à 21 mm.

Il est possible d'utiliser plusieurs filtres en même temps, mais évitez cette technique si elle n'apporte rien à l'image.

Certains filtres à effets, tels les filtres à image multiple, sont d'un usage très limité. Vos photographies de vacances ne pourront pas toutes ressembler à l'image d'un kaléidoscope ! Et l'utilisation d'un filtre tabac dégradé, qui permet d'aviver un ciel terne, semblera fastidieuse si toutes vos photographies présentent un ciel coloré.

• CI-DESSUS Un filtre à image multiple a multiplié cette tête de tigre. Ce type de filtre est disponible en divers facteurs de multiplication : deux, quatre ou six images. Leur usage devrait être limité à certains effets spéciaux.

• EN BAS À GAUCHE Photographie réalisée sans filtre. EN BAS À DROITE Photographie réalisée avec un filtre de flou.

• À GAUCHE Le ciel de Venise était gris et terne. Un filtre dégradé tabac en a modifié les coloris sans altérer le reste de l'image. Utilisez toutefois avec parcimonie ce filtre très efficace, sinon toute vos photographies se ressembleront.

• CI-DESSUS Le filtre dégradé rose constitue une alternative au filtre dégradé tabac. Bien que la prise de vue ait été effectuée à midi, la photographie semble avoir été réalisée à l'aube.

• À DROITE Un filtre gris neutre dégradé assombrit le ciel sans en altérer la couleur. Dans cette photographie du Loch Torridon, en Écosse, le filtre a conféré un aspect quasi nocturne au ciel couvert.

LES FLASHES D'APPOINT ET LES RÉFLECTEURS

Souvent, on améliorera grandement une prise de vue en utilisant un réflecteur ou un flash d'appoint. L'usage d'un flash sous un soleil éclatant peut sembler étonnant, mais il contribuera à atténuer les ombres disgracieuses. Supposons le soleil haut dans le ciel ; si le sujet lui fait face, des ombres intenses se dessinent sous ses yeux et son nez, et s'il se place de profil par rapport au soleil, les ombres risquent de ne pas disparaître. Parfois, le sujet est situé à l'ombre, mais l'arrière-plan est baigné de soleil. Dans les deux cas, le flash d'appoint supprimera les ombres ou équilibrera le premier plan avec l'arrière-plan, créant ainsi une image plus satisfaisante.

Pour ce faire, déterminez avec un posemètre l'exposition requise pour la zone de haute lumière de la composition. Prenons l'exemple d'une mesure affichant le 1/125 de seconde à f11. Réglez l'appareil sur cette mesure. Si vous utilisez un flash automatique, réglez l'ouverture à f5,6, soit deux diaphragmes de moins que pour la zone de haute lumière. Si vous utilisez un flash manuel, vous devrez déterminer la combinaison de l'ouverture et de la vitesse en fonction du nombre guide du flash pour obtenir l'exposition correcte. Le nombre guide, qui indique la puissance du flash, varie en fonction de la sensibilité ISO du film utilisé. À un film 200 ISO, par exemple, correspond un nombre guide plus élevé que pour un film 64 ISO.

En vous référant à la table des nombres guides fournie avec le flash, vous calculerez l'ouverture correcte en divisant le nombre guide par la distance flash-sujet. Il est essentiel de ne pas oublier de sous-exposer systématiquement le flash, sinon la trop grande intensité du flash « brûlera » les détails des zones d'ombre. Nombreux sont les photographes à hésiter à utiliser un flash d'appoint, car ils ne peuvent vérifier son effet qu'après le développement du film, sauf s'ils ont un Polaroid.

Avec un réflecteur, au contraire, la modification de l'éclairage est immédiatement perceptible. Divers types de réflecteurs de toutes dimensions sont commercialisés, du blanc et argent au bronze et or. Si vous ne disposez pas d'un réflecteur au moment opportun, il vous sera toujours loisible d'en improviser un : un morceau de carton blanc, un tissu blanc ou une feuille d'aluminium feront l'affaire. Imaginons que le soleil soit situé derrière le sujet : en orientant convenablement le réflecteur, on renvoie la lumière du soleil vers le sujet ; en modifiant la position ainsi que l'angle du réflecteur, on pourra éclairer très précisément telle ou telle zone du sujet. Le réflecteur argenté crée une lumière plus dure que le réflecteur blanc ; le réflecteur doré se caractérise par une lumière plus chaude. Nombre de photographes préfèrent le réflecteur au flash d'appoint, estimant que le premier crée une lumière plus naturelle.

• À L'EXTRÊME GAUCHE Cette photographie a été réalisée sans flash.

• À GAUCHE Ici, on a délibérément opté pour une ouverture du flash automatique plus importante que celle requise pour l'éclairage ambiant ; il en résulte un éclair de faible intensité, tout juste suffisant pour atténuer l'ombre sous les yeux de la jeune femme. Si l'on avait choisi l'ouverture requise pour l'éclairage ambiant, le visage aurait été surexposé : il en serait résulté un portrait « brûlé » peu flatteur.

L'utilisation d'un réflecteur ou d'un flash d'appoint n'est en rien limitée au portrait. Imaginons, par exemple, que vous souhaitiez photographier une table apprêtée pour le déjeuner dans le jardin. La table est à l'ombre, mais en réglant l'exposition sur cet éclairage, la maison à l'arrière-plan sera surexposée. En utilisant un flash pour éclairer la table, vous pourrez équilibrer les deux expositions. Quelle que soit la méthode choisie, il vaudra mieux effectuer plusieurs essais avant de réaliser une prise de vue importante.

• À GAUCHE Ces deux photographies illustrent les différences d'utilisation d'un réflecteur. Celle du haut a été réalisée à l'aide d'un réflecteur blanc : la lumière réfléchie est suffisante, mais semble froide. Le réflecteur doré utilisé pour la photographie du bas crée un lumière plus chaude et plus agréable.

• EN BAS À GAUCHE Dans cette composition, il était essentiel de conserver le détail de la façade située à l'arrière-plan : l'exposition étant réglée sur cette dernière, la table et le propriétaire du vignoble demeurent plongés dans l'ombre. EN BAS À DROITE Avec un flash d'appoint, on a atténué l'ombre et souligné les détails du premier plan pour obtenir un éclairage plus équilibré entre l'arrière-plan et le premier plan.

LE FLASH À VITESSE DE SYNCHRONISATION LENTE

Utilisé normalement, l'éclair du flash fige le sujet en mouvement et, si l'exposition est correcte, illumine uniformément toute la zone située dans la portée utile du flash. Mais on obtiendra des résultats étonnants en passant par-dessus les règles.

Sur la plupart des appareils reflex, la bague de sélection de la vitesse d'obturation présente une position de synchronisation du flash, généralement au 1/60 de seconde ou au 1/125 de seconde. Si l'on choisit une vitesse d'obturation plus rapide, les rideaux de l'obturateur focal n'auront pas le temps de s'ouvrir complètement, et certaines parties de l'image ne seront pas exposées. On pourra en revanche opter pour une vitesse plus lente, le 1/15 de seconde ou le 1/8 de seconde, par exemple, tout en conservant la synchronisation du flash. La durée du flash demeurant constante, son éclair illumine la scène durant une fraction du temps durant lequel l'obturateur reste ouvert.

Si l'on utilise un flash avec une vitesse d'obturation lente pour photographier un objet en mouvement alors que l'intensité de la lumière ambiante est suffisante, on obtient une image dans laquelle les contours du sujet semblent former une traînée de vitesse, ce qui peut créer un effet saisissant, surtout dans les photographies d'action comme celle du patineur ci-contre.

Il est important d'opter pour une vitesse d'obturation compatible à la fois avec la lumière ambiante et avec l'effet de flash souhaité. Par exemple, avec un film 100 ISO, la mesure de la lumière ambiante indique 1/125 de seconde à f5,6. Pour obtenir un effet de synchronisation lente du flash, on choisira une vitesse d'obturation de 1/15 de seconde ; pour compenser la différence, le diaphragme sera alors fermé à f16. Réglez le flash automatique sur f16 ou, s'il s'agit d'un flash à réglage manuel, calculez la distance flash-sujet correspondant à une ouverture de f16. Le résultat en vaudra la peine.

• CI-DESSUS Ce jeune homme a été quasiment saisi en plein vol, bien que la vitesse d'obturation ne soit que de 1/15 de seconde, car il est éclairé principalement par le flash et non par la lumière ambiante. Mais celle-ci crée un effet singulier : le ciel semble situé immédiatement derrière le contour du sujet. Il aurait fallu ouvrir d'un diaphragme pour obtenir une exposition correcte à la lumière ambiante, mais on a délibérément sous-exposé la prise de vue afin de renforcer l'impact de la photographie. Les cyclistes debout à l'arrière-plan complètent parfaitement la composition.

• À DROITE On a utilisé une technique analogue en studio pour photographier ce bébé. La vitesse d'obturation était ici de 1/8 de seconde, mais le bébé a tourné la tête à l'instant de la prise de vue et de l'éclair du flash. La lumière ambiante était suffisante pour que le mouvement demeure visible. Cela a créé un arrière-plan intéressant qui renforce le caractère du portrait.

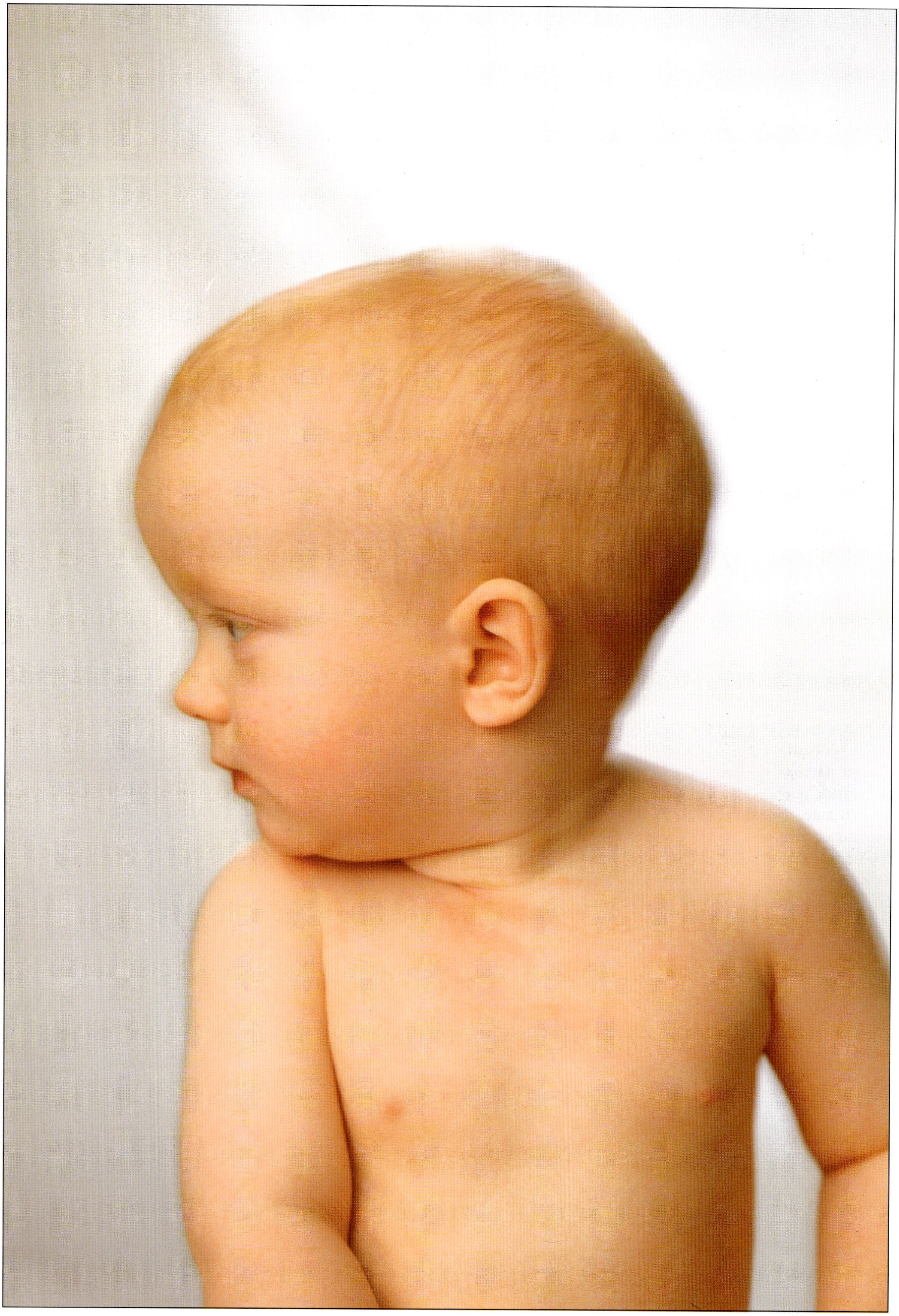

LA MANIPULATION DES POLAROID

Les photographies réalisées avec un appareil Polaroid offrent l'avantage sur les autres types de photographie d'apparaître en quelques secondes. Mais le film Polaroid se prête également à une grande diversité de manipulations qui, pour la plupart, ne requièrent que l'appareil et le tirage Polaroid ainsi qu'un instrument à pointe émoussée, tel un stylo.

Dès que la photographie Polaroid est éjectée de l'appareil, on pourra, par exemple, modifier la diffusion des colorants du traitement de l'image pris en sandwich dans le support de la photographie, en écrasant certaines zones à l'aide d'une pointe. Vous obtenez ainsi des motifs étranges que la pratique vous permettra peu à peu de maîtriser. Lorsque la photographie est entièrement développée, les résultats sont souvent étonnants.

Un dos Polaroid fixé sur un appareil traditionnel offre une autre possibilité : le transfert de l'image. Dès que le film est exposé, il est entraîné par une paire de rouleaux qui, en écrasant le support, libèrent les produits chimiques nécessaires au développement de l'image. Le développement dure en moyenne 90 secondes. Mais dès que le film sort du dos Polaroid, on pourra décoller son support, puis appliquer l'image jusqu'à son développement complet sur une feuille de papier humidifiée à l'eau. Ce procédé permet de transférer, par report, l'image sur un autre support – la feuille de papier en l'occurrence. On obtient une image voilée et floue, mais souvent très originale.

Outre l'appareil photographique Polaroid et le dos Polaroid, il existe aussi une imprimante Polaroid qui permet d'obtenir des tirages instantanés à partir de diapositives ; ceux-ci pourront être manipulés de la même manière que les clichés issus d'un dos Polaroid.

On pourra expérimenter bien d'autres techniques de trucage des Polaroid, en plongeant, par exemple, le film dans l'eau bouillante ou en rayant l'émulsion.

• CI-DESSUS On a laissé se développer normalement cette photographie Polaroid. L'image est séduisante, mais l'arrière-plan plutôt terne.

• CI-DESSUS Avec la pointe d'un stylo, on a manipulé les colorants de l'image autour du sujet durant le développement de la photographie, pour créer un arrière-plan plus intéressant, presque abstrait.

• À GAUCHE Une variante de la même technique : ici, on a laissé se développer normalement uniquement les visages des trois jeunes femmes.

• CI-DESSUS Un tirage traditionnel issu d'un dos Polaroid.

• À DROITE Avant que le processus de développement ait commencé, on a décollé le support de l'image Polaroid puis déposé celui-ci sur une feuille de papier humide. On a ensuite appliqué un rouleau en caoutchouc sur le support et laissé se développer l'image. En retirant le support, on a obtenu cette étonnante composition.

• CI-DESSOUS Cette nature morte a été créée de la même manière, mais sur un papier de texture différente.

LA PERSPECTIVE

En photographie, la perspective consiste à donner une impression de profondeur. Plusieurs méthodes existent pour obtenir cet effet.

Dans le cas de la photographie de paysage, la méthode la plus simple pour créer une impression de perspective consiste à exploiter le premier plan : il est souvent possible d'ajouter un arbre sur un côté du cadre ou son feuillage dans la partie supérieure de la composition. Ce simple ajout crée une illusion, une impression d'espace entre le point de vue, le premier plan et l'arrière-plan. En comparant ce type de photographie avec une composition dépourvue de premier plan, la seconde semblera plate et terne.

Des lignes naturelles peuvent également créer une puissante impression de perspective. Si vous vous tenez à l'extrémité d'un champ labouré et observez les sillons, ceux-ci semblent converger dans le lointain vers un point appelé « point de fuite ». Photographiées à partir d'un point de vue bas, ces lignes donnent une forte impression de profondeur.

Dans le cas de la photographie d'architecture, il est relativement aisé d'exagérer la perspective. En photographiant un bâtiment de face, dans l'axe, la composition manque d'impact ; on obtiendra un effet plus spectaculaire en se rapprochant du sujet pour le photographier en contre-plongée et créer un effet de convergence des verticales.

• CI-DESSUS Cette prise de vue de la cathédrale de Wells a été réalisée de face et dans l'axe. La façade, entièrement visible, manque de profondeur, et toute impression de perspective est absente.

• CI-DESSUS Ici, le point de vue est plus proche de la façade. L'appareil étant incliné vers le haut, les deux tours convergent vers le haut du cadrage, ce qui donne de la force à l'image.

• CI-DESSUS Sous ce point de vue plus rapproché encore, les verticales convergent plus brutalement. Cette légère modification du point de vue et de l'inclinaison de l'appareil a puissamment accru l'effet de perspective.

• CI-DESSUS Autre exemple de perspective linéaire : ces bicyclettes semblent converger à l'infini. Les alignements d'objets constituent l'un des moyens les plus efficaces pour créer une impression de perspective.

• À DROITE Ces bus rouges serpentant dans Oxford Street, à Londres, créent une impression de perspective linéaire. Leur couleur uniforme renforce le sentiment de profondeur.

• À GAUCHE En photographiant d'assez près, avec un objectif grand-angle de 21 mm, cette balle de foin au premier plan, on a créé une impression d'éloignement entre elle et les autres, ainsi qu'avec la ferme dans le lointain. Cette technique élémentaire permet d'obtenir une perspective.

Les appareils pourvus d'un système de surimpression – de superposition de deux ou de plusieurs images dans le même cadre – autorisent la création de compositions singulières et d'effets très étonnants.

En préparant une prise de vue en surimpression, rappelez-vous que les sujets clairs apparaîtront sur les zones sombres. En cadrant les sujets successifs, efforcez-vous de placer une zone sombre là où devra s'inscrire un sujet clair, ou vice versa. Les images présentant une majorité de zones claires ne sont pas adaptées à la surimpression. Par exemple, une vaste zone de ciel masquera presque entièrement toute autre image superposée. Comme pour toute technique nouvelle, une certaine pratique sera nécessaire.

• CI-DESSOUS De prime abord, cette photographie du palais de Holyroodhouse, en Écosse, ne semble pas avoir été réalisée par surimpression. Mais le ciel est en fait composé de dix images différentes réalisées à 30 secondes d'intervalle. La modification de la position des nuages à chaque prise de vue crée cet effet d'« explosion céleste ».

L'UTILISATION DES VERRES DE VISÉE

Il existe diverses sortes de verres de visée adaptés aux appareils reflex. Le plus utile, pour la photographie en surimpression, c'est le verre de visée quadrillé : ses lignes horizontales et verticales autorisent un positionnement très précis de chaque image. Le verre de visée se fixe au sommet du boîtier, sous le pentaprisme : libérez ce dernier, enlevez le verre de visée existant, puis remplacez-le par le verre quadrillé avant de remettre le prisme en place.

LA RÉALISATION DE SURIMPRESSIONS SANS ÉQUIPEMENT ADAPTÉ

Avec un peu de pratique, on peut réaliser des surimpressions avec la plupart des appareils reflex ordinaires. Pour superposer trois images sur une même photographie, réalisez la première prise de vue de la manière habituelle. Tournez la manivelle de rembobinage comme pour rembobiner le film dans sa cartouche, mais *n'appuyez pas* sur le bouton de rembobinage. Lorsque le film est bien tendu, appuyez alors sur le bouton de rembobinage ; actionnez la manivelle de rembobinage sur un tour et demi puis relâchez le bouton de rembobinage. Effectuez la prise de vue suivante et recommencez l'opération. Prenez ensuite la troisième photographie puis faites avancer le film normalement.

• À DROITE Cette photographie en surimpression a été réalisée en studio, avec un arrière-plan noir, et éclairée au flash. Le modèle a été d'abord placé à gauche du cadre, le visage tourné vers la droite. Il a ensuite tourné son visage vers la gauche, puis on a déplacé l'appareil afin de le placer à droite du cadre. On a obtenu ainsi cette image étonnante des deux profils d'un même visage.

• À DROITE On a utilisé ici la même technique, à la différence que la première prise de vue a été réalisée de plus près que les deux suivantes. L'image centrale domine la composition ; en mettant en œuvre cette technique, on veillera à ce que l'image en gros plan ne présente pas de déformation.

• À GAUCHE Pour réaliser cette série de quatre surimpressions, on a légèrement déplacé latéralement l'appareil entre chaque prise de vue. En travaillant en surimpression, veillez à ce que l'image finale ne soit pas confuse.

PHOTOGRAPHIER À CONTRE-JOUR

On croit souvent que l'on n'obtiendra une bonne photographie que si le soleil est situé derrière ou sur un côté de l'appareil. Il est vrai qu'une prise de vue effectuée face au soleil se traduit fréquemment par des lumières parasites et une exposition erronée, mais celles-ci pourront être évitées, voire utilisées pour obtenir des effets spectaculaires. Un bon parasoleil devrait suffire à éliminer toute lumière parasite. En fait, vous devriez utiliser systématiquement un parasoleil, quel que soit le type de prise de vue. Les lumières parasites peuvent provenir d'un reflet indirect créé par une surface brillante – carrosserie d'automobile ou vitre – ou d'un rayon de soleil pénétrant directement dans l'objectif.

La mesure de l'exposition requiert un soin tout particulier, car si le sujet est éclairé à contre-jour, il risque d'apparaître sous forme de silhouette. Sauf si vous recherchez précisément cet effet, vous devrez procéder à une correction de l'exposition si vous souhaitez que le sujet demeure visible. Si vous disposez d'un appareil à posemètre incorporé offrant plusieurs modes de mesure – moyenne, centrale ou ponctuelle –, la mesure ponctuelle « spot » sera la plus précise. Si votre appareil ne dispose que d'un mode de mesure moyenne, le sujet sera vraisemblablement sous-exposé.

On résoudra ce problème en se rapprochant du sujet pour le cadrer entièrement dans le viseur et effectuer la mesure de l'exposition à cette distance, en appuyant jusqu'à mi-course sur le bouton du déclencheur.

• CI-DESSOUS Dans cette composition, le soleil est situé derrière la fillette, sous un angle d'environ 45 degrés. On a utilisé un réflecteur pour éclairer son visage, sinon le sujet n'aurait été qu'une silhouette se découpant sur l'arrière-plan. Bien qu'un parasoleil ait été fixé sur l'objectif, une lumière parasite apparaît dans l'angle supérieur gauche de la photographie.

• CI-DESSUS En effectuant la mesure de l'exposition sur les reflets situés derrière le pêcheur, le sujet apparaît sous forme de silhouette, effet qui fonctionne bien dans ce cas, car son activité est immédiatement reconnaissable et les reflets étincelant sur l'eau ajoutent un certain romantisme à la composition.

• À GAUCHE On a isolé cette plante de son environnement en utilisant un téléobjectif et une petite ouverture. Le contre-jour en accentue l'effet, et le regard est immédiatement dirigé vers les fleurs.

• À GAUCHE Le temps manque parfois pour utiliser un flash d'appoint ou installer un réflecteur afin d'éclairer le sujet. C'est souvent le cas pour les photographies d'animaux. En effectuant la mesure de l'exposition sur les ombres, suffisamment de détails demeurent visibles pour décrire l'attitude paisible de ce chat s'abritant du soleil.

Si votre appareil est muni d'un blocage de l'exposition automatique, revenez au point de vue d'origine tout en conservant le doigt appuyé sur le bouton du déclencheur, puis appuyez à fond pour actionner le déclencheur. Le sujet sera maintenant convenablement exposé, mais l'arrière-plan sera surexposé. Si vous souhaitez effectuer plusieurs photos à partir de ce point de vue, vous devrez répéter l'opération à chacune.

Une autre façon de contourner la difficulté consiste à utiliser le cas échéant le correcteur d'exposition de votre appareil, si celui-ci en est pourvu. Réglez le correcteur sur deux diaphragmes de plus que la mesure indiquée par le posemètre. Si vous effectuez manuellement tous les réglages et possédez un posemètre indépendant, effectuez la mesure de l'exposition en vous rapprochant du sujet.

Si vous optez pour cette méthode, avec votre appareil ou un posemètre indépendant, veillez à ne pas créer une ombre sur le sujet ; vous obtiendriez une mesure incorrecte et risqueriez de surexposer le sujet. Dans ce type de situation, effectuez plutôt la mesure de la lumière incidente au moyen d'un posemètre indépendant, en plaçant le cône ou le disque blanc sur la cellule photo-électrique et en orientant le posemètre vers l'appareil. Cette méthode permet de calculer la quantité de lumière tombant sur le sujet, à l'inverse de celle qu'il réfléchit vers l'appareil.

Un mot d'avertissement : quand vous photographiez à contre-jour, faites très attention au soleil ; les rayons lumineux passant par le viseur sont dangereux pour l'œil.

• CI-DESSOUS On a obtenu cette photographie spectaculaire en effectuant la prise de vue en direction du soleil. Le parasoleil se révèle indispensable dans ce type de situation, pour éliminer les lumières parasites. En photographiant à contre-jour, ne visez pas directement le soleil, car c'est dangereux pour l'œil.

PHOTOGRAPHIER À TRAVERS DES PLAQUES DE VERRE

Il existe bien des façons de modifier l'aspect du sujet, l'une des plus simples étant de le photographier à travers une plaque de verre. Cette technique permet d'obtenir des images fascinantes avec un minimum de matériel, ainsi que de modifier l'aspect de photographies existantes, en les reproduisant à travers une plaque de verre.

Le verre utilisé pourra être transparent ou cannelé. Diverses sortes de verres cannelés sont commercialisées, certaines produisant des déformations intéressantes, voire des images multiples. On pourra rajouter de la couleur en doublant la plaque de verre avec une « gélatine » – une feuille d'acétate colorée.

La photographie d'un objet à travers une plaque de verre fait appel à plusieurs techniques. L'objet peut être posé sur le verre et éclairé à contre-jour, avec une « gélatine » placée, le cas échéant, sous le verre. L'objet peut aussi être placé sous le verre ; on pourra par exemple éclabousser d'eau une plaque transparente pour évoquer l'idée d'un sujet vu à travers une vitre par temps de pluie. Avec un appareil automatique, la mesure de la mise au point risque d'être effectuée sur la plaque et non sur l'objet : si votre appareil est pourvu d'un blocage de la mise au point, fixez-le sur un trépied, retirez la plaque de verre, bloquez la mise au point sur le sujet et remettez la plaque en place.

Les photographies de ce type sont souvent réalisées en gros plan. Avec un objectif macro, des bagues-allonges ou un soufflet-allonge, vous obtiendrez de nouveaux effets de macrophotographie.

Si vous éclairez le sujet à contre-jour, veillez à ce que l'éclairage de face soit de plus faible intensité pour ne pas perdre l'effet du contre-jour.

Comme pour toutes les autres techniques particulières, d'innombrables effets pourront être obtenus.

• CI-DESSUS Cette peinture a été photographiée à la lumière ambiante à travers une plaque de verre. La distance de la plaque au sujet détermine l'effet obtenu. Plus la plaque de verre est proche du sujet, plus celui-ci est défini ; plus elle est éloignée, moins le sujet est reconnaissable.

• À L'EXTRÊME GAUCHE Cette image abstraite, évoquant la palette d'un peintre, a été créée en disposant des objets de couleurs vives sous une plaque de verre.

• À GAUCHE La technique de la plaque de verre permet de créer d'intéressantes natures mortes. Ici, les fruits sont éclairés par la lumière ambiante et un réflecteur. Une grande diversité d'objets se prête à un tel traitement : l'effet obtenu, immédiatement visible, peut être modifié à volonté.

• À DROITE En plaçant un autre type de verre cannelé sur une peinture, on obtient un autre effet. Ici, la plaque est plus éloignée du sujet : celui-ci est plus déroutant, car moins reconnaissable.

LES IMAGES ABSTRAITES

Il existe bien des façons de photographier des objets quotidiens pour leur donner un aspect entièrement nouveau. La métamorphose est parfois telle que l'image en devient abstraite, pourvu que l'on ait le sens de la composition et que l'on sache comment l'image vue à l'œil nu apparaîtra en réalité sur le film.

Prenons par exemple un objet en mouvement, tel un drapeau flottant au vent. Pour l'œil, c'est une étoffe agitée par le vent : elle n'est ni floue, ni figée sous une forme momentanée ; photographié, le même objet présentera cependant l'un ou l'autre de ces deux aspects. Si l'on choisit une vitesse d'obturation lente et que l'on déclenche au moment où le drapeau présente une forme subtile dans le viseur, on pourra obtenir une composition puissamment dynamique. Le choix d'une vitesse d'obturation plus rapide aura pour effet de figer le mouvement du drapeau : celui-ci sera alors parfaitement net, mais l'image sera plus terne et moins vivante que la précédente.

D'autres images abstraites pourront être créées en sélectionnant un détail d'un objet, d'un bâtiment par exemple, qui, considéré isolément, présente des formes abstraites. Souvent, les objets les plus ordinaires revêtent un aspect non figuratif lorsqu'on les observe sous un angle insolite.

La création d'images abstraites de qualité n'est soumise à aucune règle ni méthode intangibles. Seul un regard averti pourra découvrir le potentiel photographique d'un sujet.

• À GAUCHE Photographié au crépuscule en contre-plongée, ce portail blanc se détache de son environnement plongé dans la pénombre. L'angle de vue exagère la perspective et dirige puissamment le regard dans l'image. En raison de la vitesse d'obturation lente, le feu arrière d'un véhicule de passage crée une ligne rouge. Ce trait de couleur vive renforce le caractère étrange, presque surréel, de la composition.

• EN BAS À GAUCHE Le drapeau américain flottait au vent à proximité du monument de Washington. L'appareil étant incliné vers le haut, seule une fraction du monument est visible à l'arrière-plan, formant l'unique angle vif de la composition. Le drapeau se déployait mollement dans la brise. Le photographe a effectué une série de prises de vue au 1/8 de seconde, pour créer une forme floue et mouvante. Cette image abstraite exprime le mouvement du drapeau – effet qui aurait été impossible avec une vitesse d'obturation plus rapide.

• CI-DESSOUS ET EN BAS Ces deux photographies représentent un détail de bâtiment vu sous un angle légèrement modifié et à une heure différente de la journée. Toutes deux sont des images abstraites, mais elles sont très dissemblables en raison des variations de lumière. Il existe une infinité de façons de voir un objet ; observez attentivement un objet familier, vous découvrirez toujours un nouveau point de vue.

LES DÉTAILS

En feuilletant un reportage de voyage dans un magazine, que constate-t-on ? Outre les grandes photographies représentant des paysages et des bâtiments, on remarque un certain nombre d'images de plus petit format, isolées ou regroupées sur une seule page, voire sur une double page. Considérée séparément, chacune de ces vignettes n'est pas remarquable en soi, mais elles contribuent toutes dans leur contexte à animer le documentaire photographique ; complétant les illustrations de grand format, elles concourent à la narration dans son ensemble.

La leçon qu'il faut en tirer, c'est que, où que vous soyez, vous devriez également être à l'affût de ce type d'images, modestes certes, mais néanmoins essentielles. Réfléchissez à la manière dont elles pourront agrémenter vos albums de photographies de voyage. Vous pourriez aussi en rassembler toute une collection dans un même cadre. Lorsque vous photographiez un magnifique paysage, un somptueux palais, observez les environs immédiats : vous serez étonné par les découvertes que vous ferez. Toutes les photographies présentées dans cette double page constituaient à l'origine des images « secondaires », elles ont pourtant été publiées dans diverses revues. L'une d'elles a même été choisie pour illustrer une couverture.

• CI-DESSOUS Le décor de ces vanneries africaines forme une image intéressante en soi ; leur regroupement détermine une composition très séduisante.

• À DROITE Un détail de la voûte de la cathédrale Saint-Paul, à Londres. Dans beaucoup d'églises, les détails de la décoration – mosaïques, fresques, moulures – sont passionnants, mais noyés dans la vue générale de l'intérieur du bâtiment.

• À DROITE Cette photographie appartient à un reportage sur la ville de Santa Fé, au Nouveau-Mexique. Le bleu éclatant de la poterie et le coloris ocre du mur d'adobe, de même que leurs textures respectives, se complètent admirablement. En vignette, cette image s'intègre parfaitement dans une mosaïque de photographies de petit format évoquant la ville.

• CI-DESSUS Un reportage photographique réalisé dans un vignoble implique non seulement des vues des rangées de ceps s'étendant au loin, mais aussi des détails des grappes de raisins. Celles-ci, dans l'ombre des feuilles de vigne, ont été éclairées avec un réflecteur qui a souligné leur coloris et les a rendus plus appétissantes encore.

• À GAUCHE Le gros plan de cette roue de locomotive aux rayons méticuleusement peints crée un puissant motif géométrique.

Il existe d'innombrables façons de réaliser un collage photographique : du plus simple, avec une seule image (négatif ou diapositive), au plus complexe, à l'aide d'un grand nombre d'images.

Dans le cas le plus simple, on utilisera deux tirages d'une même image puis, après avoir retourné le négatif à l'envers, deux tirages en miroir. Ces quatre tirages seront ensuite assemblés de la façon suivante : un tirage normal à l'endroit en haut à gauche, une image en miroir à l'endroit en haut à droite, l'autre image miroir à l'envers en bas à gauche et le second tirage normal à l'envers en bas à droite. On obtiendra de la sorte un collage dont les deux axes de symétrie créent un effet de kaléidoscope. De fait, ces tirages peuvent être assemblés selon quatre symétries différentes : toutes ces possibilités devront être explorées afin de déterminer laquelle est la plus efficace. Un tel collage pourra être complété par d'autres tirages, de la même image, ou d'une image différente.

On obtiendra un collage plus complexe en découpant les tirages en diagonale et en les assemblant pour former un motif rayonnant. Ici encore, on pourra rajouter d'autres éléments de la même image, ou d'images différentes, autour du cercle central.

Bien entendu, les motifs ne seront pas nécessairement géométriques : on pourra également obtenir des collages aux formes libres très intéressants.

• À GAUCHE ET EN HAUT Les meilleurs collages « kaléidoscopiques » sont souvent réalisés avec des tirages normaux et inversés d'une même image : la composition sera plus particulièrement réussie si un détail particulièrement marquant forme un côté du cadrage.

• CI-DESSOUS N'importe quelle image pourra servir à la réalisation d'un collage « kaléidoscopique » : plus elle sera détaillée, plus l'effet obtenu sera complexe. Ces collages ont été composés à l'aide d'une seule photographie du détail des sculptures du portail de la cathédrale d'Orvieto, en Italie. Même une image peu intéressante en soi peut devenir fascinante si elle est traitée ainsi.

LES ASSEMBLAGES PANORAMIQUES

Le peintre David Hockney a popularisé ce type de travail, composé d'un assemblage d'images collées les unes aux autres. Tout sujet peut se prêter à cet exercice, pourvu que l'on fasse appel à son imagination et à son sens de la composition.

En réalisant un assemblage panoramique, on veillera à ce que la liaison entre chaque image ne soit pas absolument parfaite. Les images elles-mêmes pourront être de formats différents ou réalisées avec des objectifs de longueurs focales différentes. Il n'est pas non plus nécessaire qu'elles aient toutes été réalisées au cours de la même séance de prise de vue ; vous pouvez utiliser des vues de détails du même paysage, exécutées à différentes heures de la journée, présentant ainsi une variation des éclairages et des ombres selon la position du soleil dans le ciel.

Demandez au laboratoire de traitement du film des tirages sans marges. Disposez-les sur une table pour rechercher le meilleur assemblage. Rejetez tout tirage n'accentuant pas l'effet général. Lorsque le montage est achevé, collez les tirages sur un carton.

Les variations progressives de l'éclairage ne sont que l'un des effets exploitables dans un assemblage. Une scène de rue montrera, par exemple, les variations de la circulation automobile. L'image finale devra se présenter comme une série de coups d'œil différents, comme si la scène était vue réellement.

• CI-DESSOUS Cet assemblage panoramique représentant la Tamise et le Parlement de Londres a été réalisé à l'aide de tirages couleurs. Toutes les prises de vue ont été effectuées dans un court espace de temps et sur la même bobine de film. Mais, même ainsi, les tirages présentent des variations de densité notables qui attirent le regard vers certains détails de la composition.

• À DROITE L'assemblage panoramique offre la possibilité d'inclure plusieurs fois la même personne, dans des attitudes différentes, dans la même composition. Ici, le jeune homme apparaît à gauche et à droite de l'image, et les pieds du photographe sont visibles en bas.

LES SUPERPOSITIONS DE DIAPOSITIVES

On pourra réaliser des montages non seulement à l'aide de tirages sur papier, mais également en superposant des diapositives. On trouvera certainement dans une grande collection de diapositives quelques images se prêtant à la superposition.

Les images rejetées parce que légèrement surexposées conviennent parfaitement à cette technique, de même que les photographies correctement exposées présentant d'importantes zones de hautes lumières ou un ton clair dominant. N'essayez pas de superposer deux images sombres : elles absorberaient l'essentiel de la lumière et le résultat serait confus.

Une photo de ciel, d'écorce, d'eau, de feuillage, voire de boue pourra être superposée à une image plus définie, comme un portrait, de préférence réalisé sur un arrière-plan blanc ou clair.

Examinez les diverses combinaisons possibles sur la table lumineuse : lorsque vous aurez découvert une superposition intéressante, collez les deux diapositives à l'aide d'une mince bande de ruban adhésif transparent sur les bordures vierges puis insérez-les dans une monture de diapositive en plastique. Vous pourrez même faire tirer sur papier vos meilleurs clichés, quoique les tirages par contretype de bonne qualité soient relativement onéreux.

Avec un peu d'expérience, vous découvrirez des occasions de prise de vue qui, bien que guère intéressantes en elles-mêmes, se prêteront idéalement à la réalisation d'une superposition. Cela vaut la peine de se constituer une telle collection d'images pour les utiliser ultérieurement.

• À GAUCHE Une roue de camion militaire et un tronc d'arbre composent ce montage par superposition.

• CI-DESSOUS Le portrait de cette jeune femme sur un fond blanc a été superposé à l'image d'un lit de rivière asséchée.

• À GAUCHE La superposition d'un portrait et d'une haie a créé une composition intéressante.

• CI-DESSOUS Le visage de cette jeune femme a été superposé à la photographie macro d'un champignon.

• EN BAS À GAUCHE Cette superposition est composée des photos d'un tas de bois et d'un mur de pierres sèches.

• EN BAS À DROITE Cette image raffinée résulte de la superposition d'un portrait de jeune femme sur fond blanc et d'une vitre de voiture couverte de gouttes de pluie.

PHOTOGRAPHIER LES NATURES MORTES

La création d'une nature morte requiert à la fois patience et sens de la composition. Ce genre, qui constitue l'un des meilleurs exercices visuels qui soit, a été et reste pratiqué par les peintres les plus célèbres ; et leurs œuvres inspirent maintenant les photographes.

Tout objet, ou presque, pourra être inclus dans une nature morte : une collection d'objets présentant un point commun, par exemple, comme des souvenirs d'un voyage à l'étranger. L'intérêt de ce regroupement tiendra au fait que tous ses éléments proviennent d'un même endroit, mais les objets quotidiens les plus ordinaires peuvent également composer une nature morte intéressante. En disposant les objets, vérifiez systématiquement leur emplacement dans le viseur. Si vous photographiez des fleurs, qui peuvent se flétrir, ou tout autre objet fragile, placez-les en dernier dans la composition.

En matière de nature morte, l'éclairage est fondamental, car c'est lui qui donne l'atmosphère de la composition. Rien n'interdit de photographier une nature morte à la lumière du jour, mais il sera plus facile de maîtriser l'éclairage à l'intérieur, sans qu'il soit pour autant nécessaire de posséder un studio entièrement équipé et de nombreux éclairages : un éclairage simple, quelques réflecteurs et des diffuseurs suffiront amplement dans la plupart des cas. Une légère modification de la position de l'éclairage ou de l'objet pourra modifier les ombres portées et métamorphoser l'effet général.

La prise de vue sera effectuée à peu de distance du sujet, avec un objectif normal ou un téléobjectif moyen. Attention ! le moindre détail sera visible : un faux pli sur la nappe, de la poussière sur une assiette.

Si les appareils format moyen ou grand format où les chambres sont indubitablement les mieux adaptées à ce type de prise de vue, on obtiendra cependant des résultats satisfaisants en 35 mm, pourvu que la composition soit bien pensée.

• À GAUCHE Les meilleures natures mortes sont parfois les plus simples. Celle-ci se compose d'une dalle de marbre brut, de deux céramiques dues au même potier et d'un tissu drapé.

• À GAUCHE Ces coquillages et ces cailloux ont été photographiés à l'intérieur. Ils ont été disposés sur une dalle de pierre, la composition étant systématiquement vérifiée dans le viseur. Pour éclairer cette nature morte, on a opté pour un éclairage pourvu d'un diffuseur ainsi que deux réflecteurs.

• À DROITE Cette photographie a été réalisée sur un arrière-plan noir avec un unique éclairage placé au-dessus des poires et légèrement en retrait. Devant l'appareil, on a installé un grand réflecteur blanc percé d'un trou laissant passer l'objectif muni d'un parasoleil pour éviter toute lumière parasite.

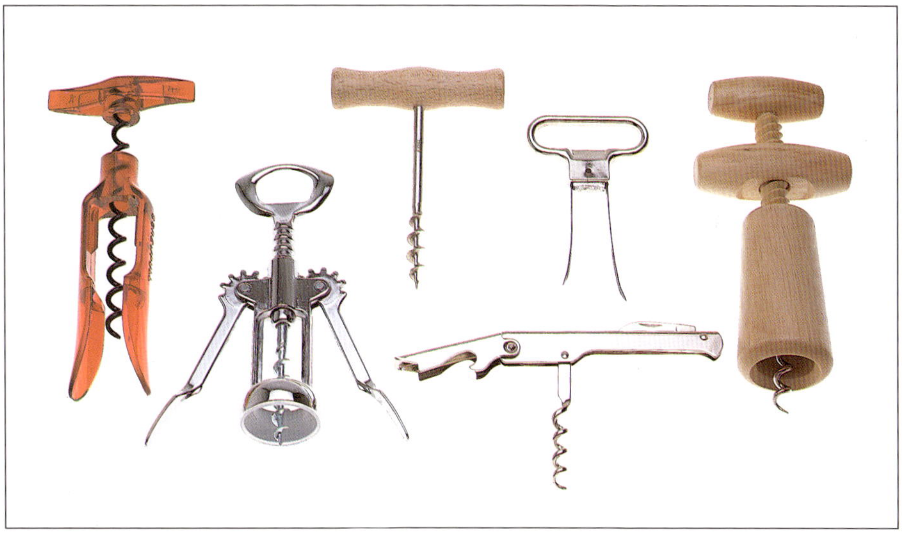

• À GAUCHE L'éclairage à contre-jour crée une nature morte élégante ; les objets ici, une collection de tire-bouchons semblent flotter dans l'espace. Ceux-ci ont été disposés sur une plaque de plexiglas éclairée par en dessous, un autre éclairage étant placé directement au-dessus de la composition.

• À GAUCHE Ces objets artisanaux mexicains ont été rassemblés au cours de nombreux voyages dans ce pays. Deux tableaux ont été accrochés sur le fond de bois brut construit spécialement pour la prise de vue. On a composé la nature morte sur une table recouverte de deux tapis, en veillant à ce que chaque objet soit parfaitement visible. Une ampoule a été placée dans la lanterne en forme d'étoile, afin de créer un éclairage réaliste. Grâce à cette lumière, on a choisi un temps de pose de 1 seconde, le reste de la composition étant brièvement éclairé au flash durant la prise de vue.

LA RECHERCHE DE SUJETS

Si les occasions de photographie sont innombrables, encore faut-il ne pas les manquer. Parfois, elles se présentent soudainement : l'on ne pourra l'exploiter que si l'appareil est chargé et prêt à fonctionner.

S'il s'agit de photographier des personnes, celles-ci sont parfois intimidées à la vue de l'appareil, ce qui gâche la possibilité d'une excellente prise de vue ; d'autres fois, elles prennent la pose, ce qui peut rendre la composition plus intéressante.

De simples objets, apparemment anodins, peuvent servir de base à une excellente photographie : un mur, une clôture ou une porte, la texture d'une peinture écaillée ou de la pierre patinée par les intempéries, une affiche déchirée ou un graffiti.

La découverte de ces images potentielles requiert principalement une attention de tous les instants. Parfois, l'image semble attendre la prise de vue, mais n'est pas visible sous l'angle de vue normal : pour la découvrir et bien cadrer la composition, il vous faudra adopter un point de vue en plongée ou en contre-plongée, ou bien modifier l'angle du champ de vision avec un grand-angle ou un téléobjectif.

Prenez le temps d'évaluer l'environnement, de l'observer de manière sélective. Avec un peu de pratique, vous obtiendrez des objets ou des lieux les plus ordinaires des images étonnantes, qu'un œil moins averti aurait négligé. Persévérez, même si vos premières tentatives se soldent par un échec, d'autant plus qu'une collection de photos banales peut servir plus tard à des collages ou des séries thématiques passionnantes.

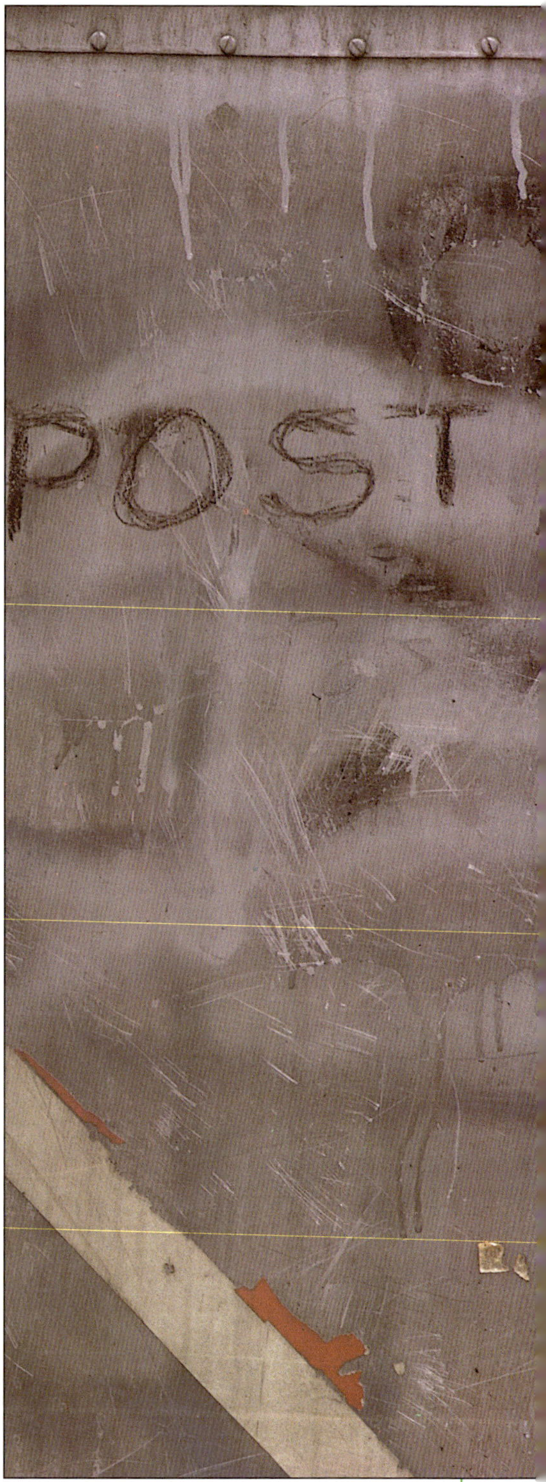

• CI-DESSUS Cette image est apparue d'elle-même lors d'une promenade dans les rues de New York. Il s'agit de l'arrière d'un éventaire de marchand de rue : cette surface en aluminium, maintes fois poncée pour en effacer les graffitis, présente d'intéressants motifs abstraits. L'expression d'espoir de la jeune femme demeure visible, même si l'affiche est usée. Elle est monochrome, comme le fond, à part un soupçon de rouge et de bleu. On se plaît à penser que des foules de gens sont passées devant cet éventaire, sans que personne d'autre n'y ait découvert un sujet de photographie.

• À DROITE La recherche d'angles de vue inhabituels produit souvent des images aussi originales que singulières. Pour réaliser celle-ci, on s'est allongé sur le dos sous l'attelage d'un train. Ses formes puissantes semblent exprimer quelque étrange rituel d'accouplement mécanique. Recherchez systématiquement un point de vue différent avant d'abandonner une idée à première vue peu prometteuse.

• À GAUCHE Le photographe souhaitait, à l'origine, photographier cette maison mais un homme est apparu à la fenêtre, avec un regard interrogatif. Comme nous ne comprenions pas sa langue, nous l'avons persuadé par gestes de rester en place, tout en fixant un téléobjectif sur l'appareil. L'homme se prêta patiemment à la séance de prises de vue, suggérant après quelques photographies d'inclure son chien. Celui-ci posa de manière aussi peu complexée que son maître. Sans ces deux personnages prenant la pose, la photographie eût été terne, mais en saisissant l'occasion de l'instant, on a obtenu une excellente composition.

Les animaux familiers, qui constituent eux aussi des sujets de prédilection, disposent de moyens de communication : si vous cherchez à obtenir d'un chien ce qu'il ne veut pas faire, celui-ci n'aura pas l'air heureux, et la photographie trahira son humeur – en dehors du fait qu'il peut devenir agressif. Tenez-en compte, surtout si vous photographiez des enfants et des animaux ensemble. Tous peuvent s'impatienter rapidement : si la séance de pose ne les amuse plus, cessez immédiatement.

Vous devrez donc travailler rapidement, de préférence avec un appareil à mise au point automatique et posemètre TTL. Très souvent, la réussite de la photographie repose sur une expression fugace que l'on saisira en se rapprochant du sujet. Un téléobjectif moyen, de 100 mm environ, vous permettra de cadrer en gros plan le sujet sans l'inquiéter.

Évitez d'affubler de vêtements les animaux. Les meilleures photographies les montrent au naturel, sans robes ni lunettes de soleil !

Les photographies d'animaux familiers constituent des sujets de cartes de vœux ou d'anniversaire idéales.

Les animaux vieillissent plus rapidement que les êtres humains : en photographiant chaque mois votre chien ou votre chat préféré, vous obtiendrez un intéressant album de sa croissance.

• CI-DESSUS À GAUCHE Les enfants accompagnés d'animaux familiers font d'excellents sujets, mais leur attention se dissipe vite. Au moindre signe de fatigue ou d'agitation, cessez immédiatement la séance de pose.

• CI-DESSUS À DROITE Certains animaux sont plus dociles que d'autres. Cet âne nous a laissé tout le temps nécessaire pour choisir le meilleur point de vue. L'arrière-plan est flou en raison de la grande ouverture et de la vitesse d'obturation rapide ; les détails du visage de l'âne sont précis, et la prise de vue a été réalisée à l'instant où il dressait les oreilles.

• À DROITE Le chien est sur le qui-vive, et le filet de pêche constitue un accessoire intéressant. Mise au point automatique et posemètre TTL sont autant d'atouts permettant de travailler rapidement.

• À GAUCHE, EN HAUT ET EN BAS Ces compositions constituent autant d'illustrations idéales pour une carte de vœux. Un simple accessoire, comme ces feuilles de houx, suffira à créer le décor. L'arrière-plan est dégradé du noir au blanc et la composition est éclairée au flash.

LES FEUX D'ARTIFICE

Il est amusant de photographier un feu d'artifice, mais la réussite de telles prises de vue nécessite une certaine préparation. Si vous photographiez un spectacle public, soyez-y à l'avance : même sous une pluie battante, les spectateurs seront nombreux pour assister à un grand feu d'artifice. Sur place, essayez de déterminer où exploseront les fusées.

Les meilleures photographies de feux d'artifice sont en fait, le plus souvent, des surimpressions que l'on pourra réaliser de deux manières. Dans tous les cas, l'appareil doit être fixé sur un trépied et muni d'un déclencheur souple. Veillez à ce que l'appareil ne soit pas bousculé, ce qui est parfois difficile dans une foule compacte. Pointez l'appareil vers la zone où les fusées devront exploser.

Si votre appareil possède un dispositif de surimpression, effectuez deux ou trois prises de vue des fusées. Pour un film 100 ISO, l'exposition correcte se situe vers 2 secondes à f5,6.

Si votre appareil ne dispose pas d'un tel système, optez pour un diaphragme identique mais réglez la vitesse sur la pose B ou T et munissez-vous d'un bouchon d'objectif ou d'un objet analogue. Avant le tir de la fusée, masquez l'objectif avec le bouchon et déclenchez. Si vous utilisez la pose B, appuyez sans relâche sur le déclencheur souple. Quand la fusée explose, retirez le bouchon d'objectif durant 2 secondes environ, puis masquez de nouveau l'objectif. Répétez cette manœuvre à deux ou trois reprises, puis fermez l'obturateur en relâchant le déclencheur souple (pose B) ou en l'actionnant de nouveau (pose T).

• À DROITE ET MÉDAILLON EN HAUT Ces photographies ont été réalisées par surimpression – dans chaque cas, trois prises de vue dans la même position. Avec un film 100 ISO, on a réglé l'ouverture à f5,6 pour une pose de 2 secondes à chaque prise de vue. Comme il pleuvait, on a protégé l'objectif des gouttes de pluie à l'aide d'un grand parasoleil.

• CI-DESSUS Les photographies de feux d'artifice de table sont souvent très réussies. Selon la luminosité du feu d'artifice, une pose de 2 à 4 secondes à f5,6 devrait convenir dans la plupart des cas.

• CI-DESSOUS On pourra utiliser un flash pour éclairer l'arrière-plan d'un feu d'artifice, ici un jeune garçon. Cette photographie a été réalisée avec un temps de pose de 5 secondes à f8. Le flash ayant été réglé pour un diaphragme de f8, le garçon est correctement éclairé, tandis que la pose a enregistré la traînée d'étincelles.

L'ancien proverbe chinois affirmant qu'« une image vaut mieux que mille mots » n'a jamais été aussi vrai qu'aujourd'hui. En dépit de l'omniprésence actuelle des reportages télévisés, l'image fixe conserve un rôle essentiel. Ce sont les photographies de guerres, de famines ou de catastrophes naturelles qui composent la mémoire visuelle de l'histoire moderne. Dans un genre moins sombre, c'est très souvent la photographie de couverture d'un magazine qui incitera le consommateur à l'acheter.

La photographie se prête de diverses manières à la narration. Si celles qui figurent sur cette double page ne correspondent probablement pas à l'idée que l'on se fait d'un récit, elles évoquent immédiatement ce à quoi s'intéresse cet homme : à la musique et aux instruments anciens. Un grand nombre de photographies a été réalisé dans son atelier, le montrant en train de scier, de ciseler, de coller, de poncer et d'accorder. D'autres le représentent chez lui, entouré de ses instruments ; d'autres encore ne figurent que les instruments. Quand il fallut choisir, on opta pour un portrait de l'artisan avec l'un de ses luths puis l'on décida, plutôt que de montrer la fabrication d'un seul instrument, de présenter le détail de plusieurs instruments achevés. Divers angles de vue illustrent les courbes élégantes des luths, tandis que frettes et rosaces expriment le raffinement de l'exécution. En optant pour un éclairage de faible intensité, on a souligné les éléments de chaque instrument. En restreignant à ces images la série de photographies, on exprime une idée de précision, de sensibilité et de grand art.

Si vous prévoyez de photographier une personne particulière, ou son travail, voire un événement, réfléchissez à la meilleure manière d'utiliser plusieurs prises de vue du même sujet. Même si vous photographiez un membre de votre famille pour l'inclure dans un album photo, essayez de réaliser plusieurs clichés qui formeront une mise en page satisfaisante. S'il vous semble difficile de procéder à un tri drastique, et que vous considéreriez même cela comme le comble du gaspillage, sachez que seule une bonne présentation pourra valoriser vos meilleures photographies : voilà pourquoi il est si important de disposer d'un vaste choix.

• Une série de gros plans et de photographies de détails illustrent le sujet, tandis que le grand portrait de l'artisan lui-même complète admirablement ce récit en images.

Dans un monde où la photographie en couleurs est devenue la norme, on est souvent étonné par la puissance que recèlent les images en noir et blanc, plus particulièrement quand elles illustrent un sujet grave ou une atmosphère sombre. La couleur ne pourra jamais traduire la détresse et la misère avec la force du noir et blanc. Les images des grands photographes documentaristes, demeurent inoubliables notamment parce qu'elles ont été réalisées en noir et blanc.

La narration d'un récit en images noir et blanc repose sur des principes fondamentaux analogues à la couleur, auxquels s'ajoutent deux éléments essentiels : le ton et la texture.

Réfléchissez au style des images requises avant de commencer la prise de vue. Observez les photographies publiées dans les magazines. Un récit photographique est généralement composé d'un nombre assez restreint d'images ayant toutes une signification précise. Si la situation géographique du récit est pertinente, une photographie devra nécessairement l'évoquer dans l'esprit du spectateur.

Si le récit est fondé sur des personnes, efforcez-vous de faire leur connaissance au préalable : non seulement elles pourront vous donner de précieuses informations, mais se montreront aussi plus attentionnées à l'égard d'un photographe qui les inclura dans son travail, sans chercher à les photographier subrepticement derrière un arbre. Dans certains pays ou quartiers déshérités, les gens semblent souvent intimidés : il vaudra mieux se garantir leur collaboration que de les traiter en étrangers, ce qui ne saurait que déclencher leur hostilité.

Un film de sensibilité moyenne, de 400 ISO environ, conviendra à la plupart des situations. Il pourra être « poussé » le cas échéant à une sensibilité plus importante.

• À GAUCHE Ce portrait n'eût fonctionné qu'en gros plan : la peau tannée et les cheveux en bataille de cet homme expriment ses conditions d'existence difficiles. Il accepta volontiers une cigarette, mais s'exprimait de manière décousue, et semblait malheureusement inconscient de ce qui se passait autour de lui.

• CI-DESSOUS Cette photographie nous donne une idée de la situation dans un quartier pauvre de Londres. L'aspect délabré suggère le caractère des environs. De petits détails, comme le chat assis sur un tas d'ordures, renforcent l'intérêt d'une scène sinon lugubre.

• À DROITE Ces hommes étaient en train de boire dans un jardin public. Cela peut être intimidant de photographier ce type de personnes, mais si vous partagez avec eux une cigarette et échangez quelques mots, vous susciterez moins les soupçons ou le malaise qu'en vous dissimulant derrière un mur.

• CI-DESSUS Personne ne savait où vivait cette femme : elle s'installait chaque matin, dès six heures, dans ce café et commandait invariablement deux tasses de thé et un sandwich. Elle ne prononçait jamais le moindre mot, mais nous a fait comprendre qu'elle ne voyait aucun inconvénient à être photographiée. Le point de vue, à l'autre extrémité de la table, crée une puissante impression de perspective. De nombreux indicateurs de sa condition sociale figurent dans la composition.

• À GAUCHE Dans ce marché à ciel ouvert, certains vendaient des objets de rebut. Cet homme proposant une modeste marchandise s'appuie contre le mur décrépi formant l'arrière-plan. Vêtu pour se protéger du froid vif, il semble pourtant frissonner.

LES TRUCAGES LORS DU TRAITEMENT DE L'IMAGE

De nombreux domaines de la photographie se prêtent au trucage. Souvent, un tel traitement va à l'encontre des règles et pourra même être considéré comme une « erreur ». Pourtant, les résultats peuvent se révéler si intéressants que le trucage peut être considéré comme une technique valable à part entière. Nombre de ces trucages ne requièrent aucun matériel particulier ni chambre noire, mais seulement un appareil et un film.

Par exemple, le film inversible couleurs, avec lequel on réalise les diapositives, est traité dans une solution chimique dite E6. Le film négatif couleurs est traité avec la solution C41. Que se passe-t-il si l'on développe un film inversible dans un bain de C41 ou un film négatif dans un bain de E6 ? Les couleurs se modifient de manière imprévisible. Certains films deviennent magenta, d'autres bleutés. Livrez-vous à cette expérience et observez attentivement les changements de couleur : cela vous donnera quelques indications vous permettant d'obtenir le cas échéant de meilleurs résultats. Le film doit-il être exposé davantage, par exemple un film de 400 ISO sous-exposé à 100 ISO ? Doit-il au contraire être surdéveloppé ? Seuls la persévérance et l'examen attentif du résultat pourront vous apporter la réponse. Quoi qu'il en soit, cette technique crée des effets étonnants souvent très intéressants.

Une autre « erreur délibérée » consiste à traiter un film noir et blanc dans une tireuse couleur. Le tirage d'un négatif couleur s'effectue à l'aide de trois filtres : magenta, cyan et jaune. Si l'on expose le tirage uniquement à la lumière de l'un de ces trois filtres, on obtient un positif de cette couleur. Essayez chaque filtre l'un après l'autre, ou une combinaison de deux filtres – le magenta et le jaune donnent du rouge, par exemple.

• Photographie réalisée sur un film noir et blanc et tirée normalement.

• Le négatif noir et blanc a été tiré dans une tireuse couleur, uniquement avec le filtre jaune.

• Le même négatif tiré avec le filtre magenta.

• Ici, on a utilisé le filtre cyan.

• Les variations sont infinies. Ici, la photographie noir et blanc a été tirée avec les trois filtres de la tireuse couleur.

• CI-DESSUS Ici, on a sous-exposé à 25 ISO un film négatif couleurs de 100 ISO que l'on a ensuite traité dans une solution chimique E6 normalement réservée aux films inversibles couleurs. Les tons de la peau sont presque entièrement délavés, et l'effet général est assez terne.

• À DROITE Cette photographie a été réalisée sur un film inversible couleurs de 64 ISO sous-exposé à 12 ISO puis « poussé » d'un demi-diaphragme dans la solution C41 normalement réservée aux films négatifs couleurs. Contrastes et couleurs ont été intensifiés, notamment sur le parquet et le mur jaune. Un autre type de film aurait produit un effet entièrement différent. Ce n'est que par tâtonnements que l'on pourra perfectionner cette technique.

• CI-DESSOUS L'ajout d'un cadre dessiné à la main, puis photocopié et découpé au format du tirage agrémente la présentation de la photographie. En photocopiant de nouveau le tout, on crée l'impression d'un image unique, car le cadre empiète légèrement sur la composition.

La photocopieuse représente l'un des moyens les plus simples mais les plus efficaces d'obtenir des tirages à partir de diapositives, de tirages photographiques ou de photographies « numériques ». Il existe dans la plupart des grandes villes des magasins de reprographie qui proposent une grande diversité de machines permettant la reproduction au même format, l'agrandissement ou la réduction. Les copies peuvent être sélectivement agrandies et les couleurs manipulées, des éléments de tirages découpés puis disposés pour former un collage instantané.

Il est également possible de transférer sur tissu les images photocopiées ; de nombreux magasins proposent par exemple un service d'impression sur tee-shirts, et des kits de transfert sont désormais commercialisés, permettant de décorer chez soi des tissus à l'aide de photocopies couleur.

Certaines photocopieuses sont munies d'un projecteur autorisant le tirage des diapositives 35 mm, de tirages positifs à partir de négatifs, et réciproquement. On peut également manipuler les couleurs, créer des effets de bougé en déplaçant l'original durant le balayage de l'image par la photocopieuse, voire dédoubler les images et

les transformer en mosaïques. Les détails – un bijou ou une main, par exemple – peuvent être photocopiés directement sur la machine et utilisés comme images à part entière. En effectuant une photocopie d'une photocopie, l'image d'origine peut produire une composition abstraite. Enfin, on pourra photocopier des images en une seule couleur ou les reproduire en noir et blanc.

La photocopieuse est un instrument de prédilection pour la réalisation des collages, car le résultat est immédiatement visible : les modifications éventuelles sont effectuées dans l'instant, sans avoir à attendre le développement du film ; c'est aussi un moyen peu onéreux de reproduire vos photographies préférées en cartes postales ou en cartes de vœux, voire en grandes affiches dont le prix serait prohibitif si elles étaient réalisées avec une technique photographique traditionnelle. Même si la qualité de ce type de tirage ne saurait se comparer à celle des agrandissements photographiques normaux, cette technique offre d'innombrables possibilités créatives.

• CI-DESSUS En photocopiant deux images différentes, on créera d'intéressants collages. Les trois personnages ont été découpés d'une photographie puis collés sur la photocopie d'une autre image. Le tout a ensuite été photocopié une seconde fois.

• À DROITE Vous pourrez obtenir des résultats véritablement surréalistes en photocopiant vos photographies de vacances. Ces deux photographies, CI-DESSUS, ne sont pas particulièrement intéressantes en soi, mais assemblées puis photocopiées, elles créent un effet insolite composé de deux points de vue : les nageurs sous l'eau et l'extérieur de la piscine.

• À L'EXTRÊME GAUCHE La photographie noir et blanc d'origine a été coloriée à la main avec des encres fluorescentes puis photocopiée : on a obtenu cette image d'embarcations aux couleurs vives flottant sur une mer monochrome.

L'APPAREIL PHOTOGRAPHIQUE VIDÉO

• CI-DESSOUS Ce portrait exécuté à l'origine sur un film réversible 35 mm a été transféré sur disquette informatique, puis tiré sur une imprimante thermique.

L'appareil photographique vidéo est l'une des toutes dernières innovations techniques en matière de photographie. À la différence des appareils traditionnels, ce système enregistre les images sur une disquette informatique comparable à celle des ordinateurs personnels. Chaque disquette peut contenir cinquante images qui peuvent être visionnées instantanément, sans passer par le traitement en laboratoire du film, sur un écran de téléviseur ou d'ordinateur. On peut également les enregistrer sur une bande vidéo ou les tirer sur une photocopieuse, la qualité de l'image demeurant cependant inférieure à celle d'une photographie conventionnelle.

L'aspect et le fonctionnement de l'appareil photo vidéo sont comparables à ceux d'un appareil compact. Il est livré avec un objectif normal mais peut être équipé d'un grand-angle et d'un téléobjectif ; il dispose en outre d'un flash incorporé, d'un adaptateur pour trépied photographique, d'une exposition automatique mais d'une mise au point fixe avec cependant une position macro. Surimpression, déclencheur retardateur, correction de contre-jour et batterie rechargeable (de puissance suffisante pour cinquante prises de vue) sont autant d'équipements de base. Outre son fonctionnement très silencieux, il peut être équipé d'une batterie supplémentaire autorisant quatre mille prises de vue. L'appareil se branche également sur le secteur. Le déclencheur retardateur peut être réglé pour effectuer des prises de vue successives à intervalles réguliers, de quelques minutes à plusieurs heures.

Par l'intermédiaire d'un moniteur vidéo, il est possible de visionner les prises de vue, voire de les enregistrer sur une bande vidéo, dans un ordre déterminé au préalable.

• EN BAS À GAUCHE En visionnant l'image enregistrée sur un écran d'ordinateur, on pourra imprimer tout ou partie de la composition de manière comparable à l'agrandissement traditionnel. Ce détail a été recadré dans une composition de plus grandes dimensions.

LES ATOUTS DE L'APPAREIL PHOTO VIDÉO

- Le contenu des disquettes est transférable sur ordinateur, modifiable et utilisable à volonté.
- L'image étant enregistrée selon un processus électronique, il n'est plus nécessaire de lui faire subir le long traitement chimique d'un film conventionnel.
- À la différence d'un film conventionnel, la disquette ne peut être « voilée » et peut être exposée à la lumière sans dommage.
- Les images enregistrées sur disquette peuvent être visionnées instantanément, comme sur une bande vidéo.
- Divers accessoires sont disponibles, dont une gamme d'objectifs.

• CI-DESSUS Cette composition recherchée – des reflets dans une vitrine – a été réalisée avec un appareil photographique vidéo ; celui-ci est particulièrement bien adapté aux gros plans, mais c'est dans le domaine de l'abstraction, par le truchement de l'ordinateur, que vous pourrez pleinement exprimer votre créativité.

• À GAUCHE Ce portrait en pied a été réalisé à la lumière ambiante, devant une fenêtre ouverte ; enregistré sur disquette informatique, il a été tiré sur une imprimante d'ordinateur.

• CI-DESSOUS L'appareil photographique vidéo permet d'obtenir des tirages aux couleurs altérées ou en noir et blanc. Cette composition quasi monochrome a été obtenue par manipulation sur un ordinateur de l'image d'origine enregistrée sur disquette informatique.

PARTICIPER À UN CONCOURS PHOTOGRAPHIQUE

À mesure que votre talent de photographe se confirmera et que vous réaliserez des prises de vue plus aventureuses, il sera peut-être temps de songer à présenter quelques-unes de vos œuvres à l'occasion d'un concours photographique. Rien n'est plus encourageant que de voir son propre travail publié dans un magazine ou un quotidien, ou accroché dans une exposition.

Quelle que soit la catégorie, vous serez confronté à des centaines de concurrents, voire des milliers s'il s'agit d'un concours national.

Le jury se prononcera sur les qualités techniques du tirage et l'originalité de la composition, mais examinera d'abord si son sujet correspond au thème du concours. Vous seriez étonné du nombre de participants présentant des paysages alors que le thème du concours portait sur le portrait ou la photographie d'architecture !

Lisez soigneusement le règlement. Une seule œuvre est parfois autorisée à concourir dans une catégorie. Au revers du tirage, indiquez vos nom, adresse et numéro de téléphone ; ces mentions sont parfois reportées sur le formulaire d'inscription, puis collées sur le tirage.

Si une de vos photographies est acceptée dans un concours, il vaudra probablement la peine de présenter un tirage professionnel ; le format maximal est souvent précisé dans le règlement. Discutez du futur agrandissement avec la personne chargée du tirage : une composition pourra être fréquemment améliorée par un recadrage, ou bien en surexposant ou sous-exposant certaines zones au tirage. Si vous présentez des diapositives, lisez également attentivement le

règlement du concours. Rien ne sert de soumettre une diapositive de grand format professionnel si le jury ne se prononce que sur des diapositives 35 mm destinées à la projection.

Il sera essentiel de donner à votre photographie une légende appropriée. Si une image vaut mieux que mille mots, un mot d'esprit ou tout simplement adéquat permettra souvent de départager d'éventuels *ex æquo*.

Enfin, emballez très soigneusement vos envois : nombreux sont les tirages qui arrivent pliés ou déchirés devant un jury de concours et sont refusés.

• À GAUCHE Cette vue d'un cimetière du Nord de la France consacré aux morts de la Première Guerre mondiale présente toutes les caractéristiques d'une excellente photographie de concours. Toutes les zones de l'image sont correctement exposées et l'alignement des pierres tombales crée une puissante composition.

• CI-DESSUS Parfois, une photographie réalisée voici bien des années se révèle correspondre précisément aux stipulations d'un concours. Cette image graphique d'un orage menaçant, qui aurait pu concourir dans plusieurs catégories, a été réalisée immédiatement avant que le soleil ne soit masqué par les nuages.

• À DROITE Une image destinée à un concours de photographies documentaires ou narratives inclura vraisemblablement un portrait. Cherchez à effectuez la prise de vue la plus significative et la mieux composée d'une personne et de son environnement.

• À GAUCHE En présentant à un concours des photographies noir et blanc, veillez à ce que les tirages soient de la meilleure qualité. Les négatifs même les mieux exposés peuvent encore être améliorés dans la chambre noire. Le premier prix d'un concours est souvent donné à une image très simple, mais magnifiquement tirée et présentée.

VENDRE SES PHOTOGRAPHIES

Si certaines photographies sont de qualité suffisante pour participer à un concours, il est possible qu'elles puissent trouver un acquéreur. Une bonne image présentée au bon endroit et au bon moment peut contribuer à faire vendre une idée ou un produit, ou à stimuler l'intérêt du public. Et une telle image peut valoir beaucoup d'argent.

À la différence d'autres produits, une photographie – du moins ses droits de reproduction – peut être vendue à plusieurs reprises : une seule cession de droits peut ne rapporter qu'une modeste somme, mais des ventes répétées sur plusieurs années peuvent se révéler très lucratives.

Il n'existe aucune règle définissant les caractéristiques d'une photographie commercialisable. Une belle composition originale risque fréquemment de rester à jamais dans un tiroir parce qu'elle ne correspond à aucun sujet en particulier. Ce qui est certain, c'est qu'une photographie sous-exposée ou surexposée, ou floue, ou simplement mal composée, ne se vendra jamais, quel que soit l'intérêt de son sujet.

En ce qui concerne les photographies couleur, les diapositives sont préférées aux négatifs.

Si la photographie présente une personne ou un groupe, l'autorisation de publier signée par la personne en question, ou par chaque membre du groupe, est une nécessité absolue. Les agences se refusent à publier toute photographie que n'accompagne pas une telle autorisation écrite.

Les photographies pourront être également archivées par une photothèque qui leur assurera le cas échéant une très large diffusion. Ne vous adressez qu'aux photothèques de bonne réputation qui vous remettront chaque année un état des cessions de droits de vos images. Renseignez-vous auprès d'autres photographes ou consultez la rubrique des crédits photographiques de livres illustrés, de revues et de magazines.

• À DROITE La foule floue de ces banlieusards sur un quai traduit l'idée du mouvement et de la précipitation aux heures de pointe. De telles images sont appréciées par la presse et par la publicité. Celle-ci a été publiée à de nombreuses reprises par des magazines et des quotidiens.

• À GAUCHE Cette photographie du célèbre grand magasin londonien Harrods a été publiée des centaines de fois sous une forme ou une autre dans le monde entier. Sa caractéristique la plus notable, c'est qu'elle est immédiatement reconnaissable, tout en constituant une bonne composition correctement exposée.

• CI-DESSOUS Les agences de voyages et les revues publiant des reportages consacrés à tel pays ou région sont toujours à la recherche de belles photographies de paysage. Une bonne composition, une exposition correcte, des nuages parfaitement définis et un point d'intérêt aussi immédiat que puissant sont les ingrédients nécessaires à des ventes durables.

GLOSSAIRE

APPAREIL À TÉLÉMÈTRE
Appareil muni d'un système permettant une mise au point très précise par alignement de deux images dans le viseur.

APPAREIL REFLEX MONO-OBJECTIF « SLR »
Type d'appareil muni d'un seul objectif permettant au photographe de voir le sujet à travers l'objectif grâce à un miroir s'escamotant lors de la prise de vue.

ASA
Sigle (American Standard Association) ; le nombre associé à ce sigle indique la sensibilité du film ; aujourd'hui remplacé par la sensibilité ISO.

BAGUE-ALLONGE
Dispositif tubulaire intercalé entre l'objectif et le boîtier de l'appareil permettant de réaliser des photomacrographies ; le rapport d'agrandissement varie selon le nombre de bagues-allonges utilisées.

CARTOUCHE
Conteneur de film 35 mm étanche à la lumière.

CDS
Cellule au sulfure de cadmium, équipant les posemètres électroniques.

CHAMBRE À SOUFFLET
Appareil photographique de grand format dont le corps avant et le corps arrière reliés par un soufflet sont mobiles.

CHÂSSIS PORTE-FILM
Conteneur de film en feuilles destiné aux chambres de grand format.

CODAGE DX
Sur une cartouche de film 35 mm, code barre contenant diverses information lues par l'appareil, permettant notamment de régler automatiquement l'appareil selon la sensibilité du film.

CONTACT FLASH
Élément généralement situé sur le haut du boîtier des appareils reflex monoobjectif 35 mm permettant de connecter et de synchroniser électriquement le flash.

COUPE-FLUX
Volets se fixant sur un projecteur de studio permettant de contrôler l'étendue du faisceau lumineux.

CYAN
Lumière bleue verte ; la couleur complémentaire du rouge.

DÉCLENCHEUR SOUPLE
Câble souple actionnant le déclencheur de l'appareil avec un minimum de vibrations ; accessoire essentiel aux longs temps de pose.

DIAPHRAGME
Également appelé nombre d'ouverture d'un objectif ; ouverture de diamètre réglable de l'objectif

DIFFUSEUR
Tissu placé devant la source de lumière pour adoucir l'éclairage.

DIN
Sigle (*Deutsche Industrie Norm*) ; le nombre associé à ce sigle indique la sensibilité du film ; aujourd'hui remplacé par la sensibilité ISO.

ÉCART – LA LOI DE RÉCIPROCITÉ
Situation au cours de laquelle un temps de pose supérieur à une seconde provoque une déperdition de la sensibilité du film et, ainsi, une sous-exposition de l'image.

ENCADREMENT DU DIAPHRAGME
Méthode permettant d'obtenir une exposition correcte en effectuant plusieurs prises de vue du même sujet, en sélectionnant des ouvertures qui encadrent le diaphragme indiqué par le posemètre.

FILM COULEUR POUR LUMIÈRE ARTIFICIELLE
Film couleur équilibré pour les sources de lumière de température de couleur proche de 3 400K.

FILM COULEUR POUR LUMIÈRE DU JOUR
Film couleur équilibré pour les sources de lumière de température de couleur proche de 5 400K.

FILM INVERSIBLE COULEUR
Film produisant des diapositives.

FILM NÉGATIF COULEUR
Film produisant des négatifs destinés au tirage sur papier.

FILTRE POLARISANT
Filtre supprimant les reflets parasites et assombrissant le bleu du ciel.

FILTRES
Verre, plastique ou gélatine colorés placés devant l'objectif et altérant la couleur de la lumière tombant sur le film.

IMAGE EN VALEURS CLAIRES (*HIGH-KEY*)
Image photographique dans laquelle les tons sont pour l'essentiel de faible densité.

IMAGE EN VALEURS SOMBRES (*LOW-KEY*) Image photographique dans laquelle les tons sont pour l'essentiel de densité élevée.

ISO
Sigle (International Standard Organisation) ; le nombre associé à ce sigle indique désormais la sensibilité du film.

MAGENTA
Lumière bleue rouge ; la couleur complémentaire du vert.

MESURE DE LA LUMIÈRE INCIDENTE
Mesure, à l'aide d'un posemètre, de la quantité de lumière tombant sur le sujet.

MISE AU POINT FIXE
Appareil photographique ne disposant d'aucun système de réglage de la mise au point ; caractérise le plus souvent les appareils bas de gamme.

MONTAGE
Image composée de plusieurs images différentes.

NOMBRE D'OUVERTURE D'UN OBJECTIF
Échelle indiquant la taille de l'ouverture utilisée, c'est-à-dire f2,8, f4, f5, f5,6, f8, f11, f16, etc. Souvent appelé diaphragme.

OBJECTIF À DÉCENTREMENT
Objectif pouvant être décentré à angle droit par rapport à son axe ; permet de modifier le champ de vision sans déplacer l'appareil.

OBJECTIF MACRO
Objectif permettant la prise de vue de gros plans en macrophotographie sans recourir à des bagues-allonges ni à un soufflet-allonge.

OBTURATEUR
Mécanisme permettant de contrôler la durée d'exposition du film à la lumière.

OBTURATEUR CENTRAL
Obturateur s'ouvrant autour de l'axe de l'objectif ; autorise la synchronisation du flash à n'importe quelle vitesse d'obturation.

OBTURATEUR FOCAL
Système d'obturateur intégré au boîtier de l'appareil et formé de lamelles ou de rideaux.

OUVERTURE
Rapport du diamètre de l'objectif et de sa longueur focale déterminant la quantité de lumière passant à travers l'objectif et éclairant le film.

PANORAMIQUE
Technique de prise de vue d'un objet en mouvement qui permet d'obtenir une image nette du sujet sur un fond flou pour exprimer la vitesse, en déplaçant l'appareil latéralement dans la direction de l'objet.

PARALLAXE
Écart entre l'image telle qu'elle est vue dans le viseur et celle que voit l'objectif. N'existe pas dans le cas d'un appareil reflex mono-objectif.

PLANCHE-CONTACT
Tirage des négatifs par contact sur un papier photographique, permettant de choisir les images à agrandir.

POSE B
Réglage de la bague de vitesse d'obturation : l'obturateur demeure ouvert aussi longtemps que le doigt reste appuyé sur le déclencheur.

POSE T
Réglage de la bague de vitesse d'obturation : l'obturateur s'ouvre quand on enclenche le déclencheur et se ferme quand on appuie de nouveau sur le déclencheur.

POSEMÈTRE
Instrument indiquant la vitesse d'obturation et l'ouverture selon la quantité de lumière disponible.

PRIORITÉ DIAPHRAGME
Système de mesure de l'exposition équipant certains appareils, par lequel le photographe choisit l'ouverture tandis que l'appareil sélectionne automatiquement la vitesse d'obturation.

PROFONDEUR DE CHAMP
Distance considérée comme nette entre les points les plus rapprochés et les plus éloignés de l'objectif.

SOUFFLET-ALLONGE
Soufflet intercalé entre l'objectif et le boîtier de l'appareil permettant de réaliser des photomacrographies selon divers rapports de grandissement.

TABLE LUMINEUSE
Boîte munie d'un verre dépoli à éclairage interne permettant de visionner négatifs et diapositives.

TEMPÉRATURE DE COULEUR
Échelle mesurant la qualité de la lumière exprimée en degré Kelvin.

TTL (À TRAVERS L'OBJECTIF)
Appareil dont le posemètre mesure la lumière passant à travers l'objectif.

ZOOM
Objectif à longueur focale variable.

INDEX

AGFA
Kodacolor
Gold 100
135/24
SUPER XG
XG-135
36 EXP.
35 mm Film
for Colour Prints
Regency
Film for Colour Prints
AGFACOLOR
ILFORD
DX Process C41
For best results take this film to a Regency dealer
ISO 100/21°
24 EXP
200